ACCESO GRATIS *a la Lectura en la Nube*

Para visualizar el libro electrónico en la nube de lectura envíe junto a su nombre y apellidos una fotografía del código de barras situado en la contraportada del libro y otra del ticket de compra a la dirección:

ebooktirant@tirant.com

En un máximo de 72 horas laborables le enviaremos el código de acceso con sus instrucciones.

La visualización del libro en **NUBE DE LECTURA** excluye los usos bibliotecarios y públicos que puedan poner el archivo electrónico a disposición de una comunidad de lectores. Se permite tan solo un uso individual y privado.

FIDEICOMISO EN ESPAÑA

UN ESTUDIO COMPARADO SOBRE LA INCORPORACIÓN DEL FIDEICOMISO EN EL DERECHO ESPAÑOL

FIDEICOMISO EN ESPAÑA

UN ESTUDIO COMPARADO SOBRE LA INCORPORACIÓN DEL FIDEICOMISO EN EL DERECHO ESPAÑOL

Nicolás Malumián

tirant lo blanch
Valencia, 2026

En caso de erratas y actualizaciones, la Editorial Tirant lo Blanch publicará la pertinente corrección en la página web www.tirant.com.

La presente obra ha sido sometida a la revisión de pares ciegos según el protocolo de publicación de la editorial a efectos de ofrecer el rigor y calidad correspondiente tanto en su contenido como en su forma, aplicándose los criterios específicos aprobados por la Comisión Nacional E 016 (BOE num. 286, de 26 de noviembre de 2016).

EDITA: TIRANT LO BLANCH
C/ Artes Gráficas, 14 - 46010 - Valencia
TELFS.: 96/361 00 48 - 50
FAX: 96/369 41 51
Email: tlb@tirant.com
www.tirant.com
Librería virtual: www.tirant.es
DEPÓSITO LEGAL: V-4909-2025
ISBN: 979-13-7021-120-2

Si tiene alguna queja o sugerencia, envíenos un mail a: *atencioncliente@tirant.com*. En caso de no ser atendida su sugerencia, por favor, lea en *www.tirant.net/index.php/empresa/politicas-de-empresa* nuestro procedimiento de quejas.

Responsabilidad Social Corporativa: http://www.tirant.net/Docs/RSCTirant.pdf

A Andrea, Bautista y Benjamín

Índice

TERCERA PARTE: FIDEICOMISO EN ESPAÑA

Prólogo

PROF. DR. PEDRO IGNACIO BOTELLO HERMOSA

A diferencia de lo que ocurre en la inmensa mayoría de las jurisdicciones del *Common Law*, donde se regula el *trust*, y en otras muchas jurisdicciones del *Civil Law*, sobre todo en Latinoamérica, donde el *trust* (o fideicomiso, como trasunto del *trust*) es ampliamente conocido y regulado, en el ordenamiento jurídico español no se reconoce.

Así las cosas, nadie mejor que Nicolás Malumián para cuestionarse si puede o no tener cabida en nuestro Derecho la figura del fideicomiso, y en qué beneficiaría ello a la sociedad Española, ya que cuando hablamos del autor de esta obra hacemos referencia no a un investigador cualquiera, sino a una voz verdaderamente autorizada en el estudio del fideicomiso, como lo acreditan, entre otros extremos, los libros dedicados al estudio de la institución, destacando la obra "*Trust in Latin America*", publicada en *New York* en 2009 por la *Oxford University Press*, o su pertenencia como miembro de la *Society of Trusts and Estate Practitioners* (STEP), con base en Londres, Reino Unido, y del *American College of Trust and Estate Counsel* (ACTEC), con base en Washington, Estados Unidos, así como su condición de expositor en temas de fideicomiso en Argentina, Barbados, Bermuda, Bolivia, Canadá, Chile, Costa Rica, Ecuador, Estados Unidos, Guatemala, Honduras, México, Nicaragua, Reino Unido, República Dominicana, Suiza, St. Maarten, Panamá, Paraguay, Perú, Venezuela y Uruguay.

Precisamente por su destacada trayectoria en la materia, el autor logra transmitir con llamativa sencillez, la problemática que rodea a una figura jurídica sumamente compleja, un arte reservado sólo a quien es magnífico conocedor de esta, y tras explicar de una forma breve, pero con enorme rigor científico, la situación actual del fideicomiso en el *Common Law*, y en países del *Civil Law* de Asia, Europa y Latinoamérica, acaba trasladando al lector dos ideas fundamentales:

La primera, que el fideicomiso, o *trust*, no es ajeno a nuestro Derecho, ya que, tanto en el Derecho común, como en los forales, podemos encontrarnos instituciones muy similares al fideicomiso, a lo que hay que sumar la jurisprudencia española que admite la validez de fideicomisos celebrados en el extranjero.

La segunda, que existen sólidos argumentos jurídicos y sociales para defender que la incorporación del fideicomiso a nuestro Derecho no solo es perfectamente posible, sino que podríamos decir que es incluso necesaria, por las ventajas que su uso podría deparar (desde la organización de proyectos, hasta la *tokenización* de activos, por ejemplo).

En definitiva, estamos ante una sólida y rigurosa obra científica de gran utilidad, tanto para quien quieren conocer los elementos fundamentales y el estado del fideicomiso en el mundo, como para aquellos que deseen conocer cómo aplicarlo en su actividad profesional.

Introducción

Esta obra busca mostrar la factibilidad y utilidad de incorporar la figura del fideicomiso en España con base en la experiencia internacional, en particular de los países del Derecho Civil. Entendemos por fideicomiso una figura de gran versatilidad que en esencia es un patrimonio separado propiedad del fiduciario destinado a cumplir un encargo. En otras palabras, al sustancial y valioso aporte de la doctrina española que propugna la incorporación de esta figura, buscamos sumar una perspectiva práctica y de derecho comparado, con base en la comparación con sistemas jurídicos similares (muchos de las cuales han partido del Derecho Español) con amplio estudio teórico y práctica de decenas de años de activo uso de la figura. Presentamos un estudio de los aspectos a considerarse para su inclusión, y más importante, sus posibles usos.

Comenzamos con un brevísimo resumen de la evolución del fideicomiso, para llegar a los aspectos más modernos y vigentes. En otras palabras, se pretende dar un contexto histórico y jurídico, a una figura legal que permite no sólo organizar la herencia, administrar un conjunto de activos destinados a un fin determinado (proyectos inmobiliarios, agrícolas, ganaderos, de capital privado o de riesgo, etc.) sino también representar activos con gran seguridad (*tokenizaciones*), así como servir de garantía sobre diversos bienes (incluyendo flujos de fondos) y ser el vehículo legal de la titulización de activos. En otras palabras, no sólo se verán los siglos de vida y evolución, sino más importante, la vigencia y utilidad del fideicomiso hoy, y su proyección a futuro. En este camino explicamos, desde una visión externa, los institutos del Derecho español a nivel nacional y a nivel de comunidades autónomas de las que se muestran como fideicomisos en sustancia, y comentamos brevemente como el *soft law* europeo está indicando la necesidad de incorporar el fideicomiso en España.

Apuntamos no sólo al mayor rigor jurídico, sino también una amena lectura para la consulta tanto por juristas como por quienes desean conocer la dinámica y el uso del fideicomiso en forma clara y práctica. Atendiendo a las nuevas formas de acceder al saber, esta obra puede ser leída de corrido de tapa a tapa, o como obra de consulta de una parte o incluso de capítulos en particular. En otras palabras, el lector es libre de leer sólo los capítulos de su interés, que han sido escritos teniendo en mente los diferentes intereses que cubre cada uno.

Finalmente, en lo que respecta al alcance, no hemos de tratar la ley *sharia* en sus instituciones similares o análogas al fideicomiso, ni el *treuhand* alemán, ni tenemos la pretensión de cubrir en forma exhaustiva todos los países con ley de fideicomiso. Lo dicho es porque insistimos el objeto principal de esta obra es mostrar la utilidad y factibilidad de la incorporación del fideicomiso el Derecho Español con una visión diferente de quién ha tratado con el tema en varios otros países. Por proximidad cultural, lazos históricos y de amistad, y similitud de los Derechos, la mayor experiencia comparada será la de los países de Latinoamérica. Pero sí habrá una breve mirada a otros países del Derecho Civil en Europa y Asia. Asimismo, destacamos que no trataremos el fideicomiso público, entendido como aquél que es creado por el Estado para cumplir fines propios de la administración pública dado que nuestro foco estará en el fideicomiso para fines sucesorios, de administración de patrimonios o comerciales, constituidos por personas físicas y empresas.

En síntesis, esperamos la obra sirva al lector para desarrollar nuevas ideas y proyectos. En tal caso, se habrá cumplido el objetivo de este esfuerzo.

PRIMERA PARTE:
DEL DERECHO ROMANO AL FIDEICOMISO MODERNO

Capítulo I:
Del Derecho Romano al Derecho Actual en Europa Continental

El célebre miembro de la Corte Suprema de los Estados Unidos, Oliver Wendell Holmes (Jr.). expresó: "*La vida del Derecho no ha sido lógica: ha sido experiencia.*" Agregando que: "*La ley encarna la historia del desarrollo de una nación a lo largo de muchos siglos y no puede abordarse como si contuviera sólo los axiomas y corolarios de un libro de matemáticas.*" De lo dicho Holmes sigue que para conocer el Derecho tenemos que analizar no sólo la legislación sino su contexto y lógica histórica. Pero Holmes exige más, pide una mirada al futuro, al agregar que "*la tarea más difícil será comprender la combinación de ambos* [historia y análisis práctico] *en nuevos productos en cada etapa.*"[1] Pero si alguna duda quedara de la necesidad de entender el contexto histórico de la creación de una figura legal, en su voto en el caso *New York Trust Co v. Eisner,* Holmes, luego de explicar como se utilizaba en la práctica cierta expresión, dijo que: "*una página de historia tiene el valor de un volumen de lógica.*"[2]

En síntesis, tener un adecuado contexto sirve para comprender e interpretar mejor una institución jurídica. En particular, cuando la misma es novedosa como es el caso del fideicomiso en España, pero este análisis debe ser la base para avanzar hacia el futuro pensando nuevas posibilidades. En virtud de lo dicho, en la primera parte de la obra proponemos recorrer muy brevemente el camino del

---

1 Holmes, O.W. (1951). *The Common Law,* 44aba Ed., Little, Brown and Co., 1 y 2.

2 Sentencia del 16 de Mayo de 1921 de la Corte Suprema de los Estados Unidos. 256 U.S. 345, 349.

fideicommissum y la fiducia desde su origen en el Derecho romano,[3] pasando por la sustitución fideicomisaria, las prohibiciones a las vinculaciones medievales, el nacimiento del *trust* anglosajón, para luego llegar a las jurisdicciones de derecho civil en Europa y Asia que han incorporado el fideicomiso. El objetivo no es otro que el marcado por Oliver Wendell Holmes (Jr.), entender los antecedentes y contextos, analizar el Derecho vigente, e intentar vislumbrar el desarrollo futuro del fideicomiso en España.

La pregunta que buscamos contestar, en este capítulo es: si en el Derecho Romano existía el fideicomiso, por qué no llegó al Derecho español y al Derecho de otros países europeos de derecho continental europeo en forma directa, sino que lo hizo a través del *trust* del *common law*?

1. ORIGEN DEL FIDEICOMISO EN EL DERECHO ROMANO

El Derecho Romano involucra varios Siglos. Si bien el tema es objeto de debate, a los efectos de nuestro análisis partimos de que Roma fue fundada el 21 de abril de 753 a. C. y que la Compilación justinianea fue publicada en 549 d. C. Durante su vigencia se crearon varias figuras fiduciarias incluyendo la del *fideicomissum*, institución del derecho sucesorio especialmente relevante dado que permitía evitar las restricciones para heredar que pesaban sobre una amplia parte de la población. En un primer momento fue una disposición de última voluntad de pura confianza, pero luego le fue dada una acción legal, situación similar a lo que veremos ocurrió bajo el Derecho inglés. Asimismo, la otra figura fiduciaria fue la *fiducia*. Un acto entre vivos que tenía dos espe-

---

3 A lo largo del libro usaremos fideicomiso y fiducia como sinónimos, asimismo, también consideraremos sinónimos a fiduciante y fideicomitente, y, salvo expresa aclaración, consideraremos a beneficiarios y fideicomisarios como equivalentes.

cies: la *fiducia cum amico* que se aplicó a las relaciones familiares, y la *fiducia cum creditore*, un esquema de garantía a favor de un crédito. Estas figuras tuvieron una evolución durante la vigencia del Derecho romano, cabiendo destacar que se pasó a utilizar el *pignus* o prenda, dejando de lado las figuras fiduciarias.

El análisis de la creación, evolución y uso de estas figuras excede el objeto de la obra y ha sido tema medular en gran cantidad de bibliografía. A nuestros efectos, nos interesa destacar que estamos ante una institución que sin lugar a dudas tuvo sus primeros antecedentes en el Derecho Romano. Pero que al contrario de lo que se podría imaginar, del Derecho romano el fideicomiso no pasó a los diversos Derechos en Europa, y de allí a Latinoamérica y a Asia. Insistimos, esto no fue lo que ocurrió. sino por la identificación con las vinculaciones medievales, cuya posterior prohibición llegó a los Derechos en Latinoamérica. Es más, tal como explicaremos al tratar el fideicomiso en Inglaterra, la doctrina predominante de ese país considera al *trust* una creación propia que no se basa en el Derecho romano sino a las particularidades del *Common Law* (y su separación del *equity*). Todo lo cual pasamos a explicar.

2. LAS VINCULACIONES MEDIEVALES Y LA PROHIBICIÓN DEL FIDEICOMISO

Cabe resumir a las vinculaciones medievales como regímenes de limitaciones al uso de bienes y la designación de herederos llamadas a durar varias generaciones, siendo el mayorazgo el ejemplo más claro. A su vez, cabe explicar resumidamente el mayorazgo diciendo que el único heredero del total del acervo es el primer hijo varón. Estas restricciones, y este designar heredero al heredero, se basó en las figuras romanas del fideicomiso, tanto en lo referente al destino de los bienes como en lo que hace a las restricciones sobre su uso y disposición. Lo dicho llevó a un régimen en el cual la mayoría de las tierras, el bien productivo por excelencia antes de la Revolución Industrial, estaba fuera del comercio. Y por supuesto, una fuente de pelea familiar entre quien heredaba y quienes no. En este contexto, dado que se identificó las vinculaciones con el fideicomiso, cuando en rigor de verdad eran dos instituciones diferentes, la abolición de las vinculaciones llevó a la prohibición del fideicomiso.[4]

En síntesis, la confusión del fideicomiso y sustitución fideicomisaria con las vinculaciones medievales, y el posterior desprestigio de las últimas, llevó a la prohibición de todos los institutos sin distinción en los países continentales europeos, lo que fue receptado por Latinoamérica [5].

3. FRANCIA: DE LA PROHIBICIÓN EN EL CÓDIGO CIVIL NAPOLEÓNICO A LA ADOPCIÓN DE LA *FIDUCIE*

El paralelismo existente entre la codificación española y la francesa e italiana, todos países de Derecho Continental Europeo, nos lleva a analizar en forma conjunta el tema en los mismos con mayor detalle.

---

4 Para un análisis en profundidad recomendamos: Botello Hermosa, P.I, (2020). *Origen Histórico de una de las Figuras Más Importantes del Derecho Sucesorio Español en la Actualidad: La Sustitución Fideicomisaria,* Revista Brasileira de Direito Civil – RBDCivil, v. 24, p. 151-179.

5 En el mismo sentido, como muestra de la forma en que esta idea llegó a los codificadores latinoamericanos, cabe mencionar que la nota al artículo 3724 del hoy derogado Código Civil argentino (vigente hasta 2015), luego de enumerar las diferentes formas de sustitución, expresaba que *"con excepción de la vulgar, abolimos todas estas substituciones. La fideicomisaria, que es la principal y la única que por los escritores franceses se llama substitución, tiene el carácter particular de la carga que impone al heredero de devolver a su muerte los bienes al heredero instituido, estableciendo así un orden sucesorio en las familias. Esta substitución es un obstáculo inmenso al desenvolvimiento de la riqueza, a la mejora misma de las cosas dejadas por el testador. Tiene, lo que se creía una ventaja, la conservación de los bienes; pero para esto es preciso una inmovilidad estéril en lugar del movimiento que da la vida a los intereses económicos ... ".*

Si bien existen antecedentes en la materia en el Siglo XVI que ponían límites a las vinculaciones, y si bien la prohibición es anterior (Decreto del 25 de agosto de 1792), creemos que el elemento crucial efectos de este brevísimo resumen de la evolución histórica, es la prohibición de las sustituciones fideicomisarias y todo instituto relacionado como el fideicomiso en el Código Civil Francés de 1804, que entrara en vigencia el 21 de marzo de 1804 (o 30 de ventoso del año XIII si tomamos el calendario que regía en Francia en ese momento).[6] El motivo de su importancia no es otro que la enorme influencia que el Código Napoleónico tendría en todos los países de derecho continental europeo. De hecho, al día de hoy, el artículo 896 del Código Civil Francés,[7] al regular los actos de última voluntad sobre ciertos bienes, dispone que: "*La disposición por la cual una persona es responsable de conservarlo y devolverlo a un tercero sólo tiene efecto si está autorizada por la ley.*"

Cabe destacar que se debió esperar más de 200 años, hasta la vigencia de la Ley Nro. 2007-211 del 19 de febrero de 2007, para que se instituyera la fiducia (*fiducie*) en Francia. Cabe destacar que esta ley, no introduje un esquema amplio sino uno muy restrictivo y diferente al de libertad de fines que tienen otras jurisdicciones. Esta ley se basa en el texto n° 178 (2004-2005)

---

6 Masayuki Tamaruya, al analizar la expansión a nivel mundial del *trust* dice que: "*El Código napoleónico de 1804 formalizó la herencia forzosa e impuso limitaciones a la disposición testamentaria. Esta actitud influyó en muchas jurisdicciones civiles que introdujeron códigos civiles de inspiración francesa, impidiendo que los equivalentes romanos, como el fideicommissum y la fiducia, evolucionaran hasta convertirse en herramientas flexibles para la gestión de activos y la planificación de la sucesión.*" Tamaruya, M., (2024). "Trust Law and Colonialism", en: Adam S. Hofri-Winogradow et. al. eds, *The Oxford Handbook of Comparative Trust Laws.* Disponible en SSRN: https://ssrn.com/abstract=4943273 o http://dx.doi.org/10.2139/ssrn.4943273.

7 Modificado por la Ley 728 del 23 de junio de 2006. Anteriormente prohibía las sustituciones fideicomisarias (otros artículos permitían ciertas excepciones).

del Senador Philippe Marini, presentado al Senado el 8 de febrero de 2005. En su excelente mensaje de presentación del proyecto el Senador Marini explica que: "*Cabe señalar que Escocia, Liechtenstein, Sudáfrica, Etiopía, Israel, Puerto Rico, Japón e incluso Rusia han adoptado un equivalente del fideicomiso, así como -desde hace varios años- varios países de Sudamérica.* Si bien el Senador se refiere a Sudamérica (y no a Latinoamérica) cabe destacar que para el 2007, tal como veremos en detalle más adelante, tenían ley de fideicomiso 14 países latinoamericanos (todos herederos del Derecho Continental Europeo y muchos habiendo tomado como modelo o fuente fundamental el Código Napoleónico). El Senador continúa explicando que "*Luxemburgo, mediante una ley publicada el 3 de septiembre de 2003, amplió el alcance de su legislación sobre fideicomisos. Al otro lado del Atlántico, la provincia canadiense de Quebec ya adoptó un régimen de fideicomiso general y completo durante la reforma de su Código Civil, que entró en vigor el 1 de enero de 1994. El 28 de abril de 2001, la República Popular de China adoptó una ley relativa a al fideicomiso que entró en vigor el 1 de octubre de 2001. Uruguay, a finales de 2003, también adoptó una ley que tiene por efecto regular las relaciones fiduciarias.*"

Es luego de este repaso mundial, que el Senador explica que "*Francia no puede permanecer indiferente ante la globalización de este instrumento jurídico. Sería en vano resaltar que el sistema francés ya está enriquecido con ciertos fideicomisos "innominados", es decir que no han recibido esta calificación de la ley pero que, sin embargo, tienen las características principales. En efecto, por un lado, no es deseable introducir mecanismos ocultando su realidad jurídica y sin darles la calificación adecuada. Por otra parte, la ley debe atender en general a las necesidades de los sujetos jurídicos. Una ley permitirá unificar el régimen fiduciario, mientras que la multiplicación de fideicomisos innominados implica el riesgo de que florezcan múltiples regímenes, sin una justificación real detrás de estas diferencias. La proliferación de estos fideicomisos innominados de alcance restringido ilustra, de facto, la compatibilidad entre los fideicomisos y el derecho francés. Pero en tales casos la ley pierde su carácter de aplicación general.*" Todos puntos que son plenamente aplicables a un futuro fideicomiso en España. En otras palabas, si Francia que fue el país de origen del Código Napoleónico, que difundió la prohibición de la sustitución fideicomisaria y el fideicomiso, ha cambiado y adoptado al fideicomiso, claramente es muestra de la nueva comprensión y necesidad de la figura que nos ocupa.[8]

Cámara Lapuente, luego de hacer un análisis de la normativa francesa y su posible incorporación en España, expresa que: "*Aunque en las balanzas de pagos no sume la exportación de instituciones jurídicas, quizás el éxito económico francés de su experimento fiduciario pueda sumar otro éxito menos contabilizable, pero igualmente codiciado: la expansión de su modelo fiduciario a otros sistemas jurídicos.*"[9]

4. ITALIA: DE LA PROHIBICIÓN A LA APROBACIÓN DE LA CONVENCIÓN DE LA HAYA SOBRE RECONOCIMIENTO DE LOS FIDEICOMISOS Y EL *TRUST INTERNO*

En Italia, si bien hubo antecedentes relevantes, entendemos que el elemento fundamental es la publicación del Código Civil Italiano de 1865 que eliminó a las sustituciones fideicomisarias y al fideicomiso. En el actual Código (vigente desde 1942) sí existe un esquema legal de sustitución fideicomisaria asistencial, pero claramente no una figura de fideicomiso.

Sin embargo, si bien Italia no tiene una legislación interna de fideicomiso, y más allá que existieron proyectos pero no lograron llegar a ser ley, cabe destacar que Italia fue el primer país

---

8 Para un análisis en francés sobre el *trust* y su incorporación a los países del derecho civil ver: Béraudo, J.P. y Tirard, J.M., (2006). *Les trusts anglo-saxons et les pays de droit civil: Aproche Juridique et Fiscal*, Academy & Finance.

9 Cámara Lapuente, S., (2005). *Trust a la francesa: Las doce preguntas de siempre y un reto desesperado a partir de la proposición de ley de 8 de febrero de 2005 que instituye la "fiducie"*, Indret: Revista para el Análisis del Derecho, (283), 40–41

de tradición de derecho civil que aprobó por ley 364 del 16 de octubre de 1989 la Convención de La Haya del 1ro de Julio de 1985 sobre Reconocimiento de los Fideicomisos. Esta convención (sobre la cual ampliamos más adelante) está vigente desde el 1ro de enero de 1992, y su aprobación por Italia creó el marco legal para el uso de los fideicomisos en el exterior para los italianos.[10] Pero más relevante todavía, es que basados en esta Convención, existieron múltiples sentencias en la Justicia italiana que reconocieron como válidos fideicomisos creados por residentes en Italia sobre activos italianos. Lo que se ha llamado el "*trust interno*". Esto es, fideicomisos sin conexión internacional sino puramente internos de Italia con reconocimiento legal en los tribunales.[11] A lo dicho se sumó una regulación fiscal de los fideicomisos.

En síntesis, vía la firma de la Convención de la Haya, un sólido cuerpo de jurisprudencia[12] y la regulación fiscal, Italia ha incorporado al fideicomiso a su Derecho interno permitiendo su uso por habitantes de Italia.[13]

10 Se puede ver: Lupoi, M. (1999). *The Civil Law Trust*, Vanderbilt Journal of Transnational Law, Volumen 32, Issue 4, Artículo 3.

11 La asociación "*Il Trust in Italia*" (https://www.il-trust-in-italia.it/) tiene una amplia compilación de jurisprudencia, legislación y modelos.

12 Se puede ver: Matters, L. F., (2013) "Italy: Trust and the Italian Legal System: Why Menu Matters", Journal of Civil Law Studies Vol. 6 Num, 2 Article 16. En este trabajo de 2013 la autora expresa que: "*Durante los últimos veinte años, tras la implementación de la Convención, los tribunales italianos enfrentaron un número cada vez mayor de casos relacionados con el reconocimiento de fideicomisos, desarrollando así un cuerpo sustancial de jurisprudencia.*"

13 Para un comparativo con Alemania y referencias al desarrollo en Italia ver: Parodi, N. (2022) "Trust and fiduciary transactions. A still ongoing complex process: concise comparison between Italian and German systems", Milan Law Review, Vol. 3, No. 2.

5. ESPAÑA: PROHIBICIÓN Y POSTERIOR VUELTA DE LAS SUSTITUCIONES FIDEICOMISARIAS (PERO NO DEL FIDEICOMISO)

En España, al igual que en Francia e Italia existieron antecedentes previos, pero se podría resumir diciendo que el hito de la prohibición del mayorazgo fue la Ley Desvinculadora del 11 de octubre de 1820 que en su artículo 1ro disponía: "*Quedan suprimidos todos los Mayorazgos, fideicomisos, patronatos y cualesquiera otra especie de vinculación de bienes raíces, muebles, semovientes, censos, juros, foros o de cualquiera otra naturaleza; los cuales se restituyen desde ahora a la clase de absolutamente libres*". Si bien esta ley fue derogada, luego fue restablecida, y más allá de su alcance (que no habría derogado las sustituciones fiduciarias temporales y enajenables), lo cierto es que se puede apreciar una prohibición (o al menos una fuerte restricción) del fideicomiso, que claramente, junto con la prohibición en el Código Napoleónico, fue receptada por los países de Latinoamérica al codificar su Derecho en el Siglo XIX.[14]

El legislador español nacional entendió valioso no prohibir toda forma de institución fiduciaria, y receptó la sustitución fiduciaria con claros límites temporales y en la legítima que existe hoy en día en el Código Civil de 1889, el cual desde el inicio de su vigencia prevé la sustitución fideicomisaria (arts. 781 a 789). En particular, el artículo 781 dice que: "*Las sustituciones fideicomisarias en cuya virtud se encarga al heredero que conserve y transmita a un tercero el todo o parte de la herencia, serán válidas y surtirán efecto siempre que no pasen del segundo grado, o que se hagan en favor de personas que vivan al tiempo del fallecimiento del*

---

[14] Para conocer el diferente camino jurídico en la materia entre España y la Argentina se puede ver: Botello Hermosa, P. I. y Malumian, N., (2021) "Sustitución Fideicomisaria Española y Fideicomiso Testamentario Argentino: Similitudes y Diferencias", Revista del Código Civil y Comercial (RCCyC), año 7, Núm. 1, pág. 81.

testador". Asimismo, la importancia y vigencia de la sustitución fideicomisaria se aprecia si se considera que en 2003, a raíz de la promulgación de la Ley 41/2003, de Protección Patrimonial de las Personas con Discapacidad, y de modificación del Código Civil, de la Ley de Enjuiciamiento Civil y de la Normativa Tributaria (TOL318.743) la sustitución fideicomisaria es la forma bajo el Derecho Sucesorio de proveer protección a las personas con necesidades especiales.[15] Más adelante volvemos con mayor detalle sobre esta ley y también analizamos la Ley 8/2021, de 2 de junio, por la que se reforma la legislación civil y procesal para el apoyo a las personas con discapacidad en el ejercicio de su capacidad jurídica (TOL 8.447.402).

En resumidas cuentas, si bien España reguló y posee la figura de la sustitución fideicomisaria, nunca desarrolló el instituto del fideicomiso como patrimonio separado con fines generales y sin restricción sobre quienes puede se beneficiarios. Sin embargo, como veremos más adelante, sí existen figurar jurídicas que en esencia son fideicomiso. Asimismo, cabe notar que en ciertas sentencias y alguna doctrina en España se habla de "fideicomiso" cuando en rigor de verdad se refieren a la sustitución fideicomisaria o a un negocio fiduciario que no crea un patrimonio separado, sino que es un mero encargo de confianza.

De lo explicado en Italia, Francia y España, se ve claramente lo ya adelantado, esto es, el fideicomiso no pasó del Derecho romano a los derechos europeos y de éstos al resto del mundo. La tarea de desarrollar el fideicomiso moderno será hecha por el *Common Law* en Inglaterra y los Estados Unidos, lo que luego llevaría lugar a su adaptación por el resto del mundo. Lo cual pasamos a explicar.

---

15 Se puede ver: Botello Hermosa, P.I., (2007). *La Sustitución Fideicomisaria Especial Introducida por la ley 41/2003*, Tirant lo Blanch (TOL6.345.958).

Capítulo II: El trust inglés, el Estadounidense, y su adopción en otros países del Common Law

En paralelo al desarrollo explicado en Europa Continental, durante la Edad Media, nace el *trust* en Inglaterra.[16] La historia y desarrollo del *trust* en Inglaterra conllevó siglos. En el presente capítulo explicaremos sucintamente la creación de un derecho en equidad y su relevancia para entender el *trust* para luego explicar las principales particularidades del sistema judicial inglés y estadounidenses. Finalmente, veremos el *trusts* en los Estados Unidos, centrándonos en las fuentes para su conocimiento, y comentaremos cómo fue además incorporado por otras jurisdicciones del *Common Law.* Por último, destacamos que explicaremos brevemente el nacimiento de la Corte Suprema Inglesa y el rol de la *Chancellor Court* de Delaware.

---

16 Es un clásico citar al jurista ingles Frederic William Maitland (1850-1906) quien dijo que el *trust* es "*the greatest and most distinctive achievement performed by Englishmen in the field of jurisprudence*" que cabe traducir de la siguiente forma "el trust es el mayor y más distintivo logro de los ingleses en materia de teoría del derecho". Maitland, F.W. (1911) 'The Unincorporate Body', in Hal, F. (ed), *The Collected Papers of Frederic William Maitland, vol 3* (CUP 1911) 272. En esta expresión se ve claramente que no se reconoce un antecedente (al menos no uno sustancial y relevante) en las figuras del Derecho romano.

1. EL NACIMIENTO DEL *TRUST* EN INGLATERRA

A los efectos de entender el nacimiento del *trust* es esencial saber que en el *Common Law* existió una separación entre cortes de Derecho y cortes de equidad (*equity*). Si bien estos dos sistemas se fusionaron, el *trust* nace por el reconocimiento en equidad de un derecho del beneficiario. Y ha sido este nacimiento del *trust* el que ha llevado a varios autores a sostener que no era replicable en el *Civil Law.* Tal como explicaremos, si bien fue necesaria una adaptación, la existencia de países del *Civil Law* en Latinoamérica, Europa y Asia que han adoptado el fideicomiso, a imagen y semejanza del *trust,* muestran que es perfectamente posible. Asimismo, este origen ha llevado a una discusión de si el *trust* debe entenderse como una institución del derecho de propiedad o del derecho contractual.[17] Al tratar los conceptos fundamentales veremos que bajo el sistema de derecho civil el fideicomiso se puede crear por contrato, por testamento y en algunos casos por declaración unilateral, sin perjuicio de lo cual, desde ya se necesitará la regulación del derecho real de propiedad fiduciaria. En síntesis, si bien por el origen del *trust* se puede entender esta visión bajo el *Common Law,* lo cierto es que no se presenta un elemento relevante al día de hoy en la práctica diaria de quienes utilizan el *trust* o el fideicomiso.

El *trust* fue el fruto de un desarrollo de un largo período de tiempo por el *Chancellor* (designado por el Rey y que solía ser un clérigo) de las *Cortes de Equidad.* En otras palabras, siendo una institución nacida en el seno del *Common Law,* no sorprende que haya sido formada por el precedente judicial. A los efectos de situar históricamente este proceso, cabe decir que el *trust* tiene sus

---

17 Existe un excelente análisis apoyando la tesis de la contractualidad, tema sobre el cual volvemos más adelante, al tratar las diferencias del fideicomiso y el *trust,* en: Langbein, J.H. (1995). *The Contractarian Basis of the Law of Trusts,* The Yale Law Journal, Vol. 105, No. 3, 625-675.

orígenes en el *use* medieval, pero que el *trust* moderno se formó en gran medida después del Estatuto de Usos de 1536, y principalmente en el Siglo 17. Desde ya, no ha dejado de evolucionar fruto de varios *leading cases* y normas emanadas del Parlamento.

La más sintética explicación, es que el fiduciante transfería bienes a un tercero con la promesa de que le permitiría el disfrute o transferiría a su vez los bienes, a un beneficiario designado o a determinarse. Las cortes de Derecho no reconocían otro propietario que el formal, titular de los bienes. Permitiendo de esta forma el abuso (una situación análoga a la ocurrida durante un primer período bajo el Derecho Romano). En otras palabras, estábamos frente a una obligación que no era exigible legalmente. Por el contrario, los *Chancellor,* tribunales de equidad, sí hicieron cumplir esta obligación del fiduciario apartándose de la letra de la ley y formando un reconocimiento en equidad. En otras palabras, las obligaciones del *trustee* basadas en la confianza (*trust*) sí podían ser exigidas en las cortes de equidad, forzando al *trustee* a cumplir su obligación con el *beneficiary,* que pasó a tener la "propiedad en equidad" de los bienes sobre los cuales el fiduciario tenía la propiedad "formal". Bogert, explica que: "*El Chancellor se convirtió en el custodio de la conciencia del rey, y su corte se convirtió en el tribunal de conciencia donde se suponía que gobernaban la equidad y la justicia, más que el tecnicismo*". [18]

Hoy en día se discute si estas decisiones de los *Chancellors* tuvieron un efecto similar a las vinculaciones en Europa continental. David Foster, luego de la analizar las sentencias del 1660 al 1750 explica que: "*la intención claramente jugó un papel fundamental en la construcción y ejecución de fideicomisos* (...) *Cuando se disputaba el significado de las palabras del acuerdo, el chancellor a menudo estaba más que dispuesta a suponer que el fideicomitente/testador había tenido la intención de preservar el patrimonio para la siguiente generación* (...)

---

[18] Bogert, George T., (1987) *Trusts,* West Group, Sixth Edition, pág. 25.

Por lo general, estos casos (y más especialmente los que involucraban partes matrimoniales) efectivamente resultaron en la concentración de la propiedad familiar en la línea masculina. Sin embargo, como hemos visto, los jueces no siempre presumieron que el fideicomitente/testador tenía la intención de preservar el patrimonio. Cuando la redacción estricta del instrumento daría como resultado la venta de las tierras familiares, la cancillería fue cautelosa al aceptar argumentos sobre la intención del fideicomitente/testador de alterar el significado de las palabras expresas utilizadas –al menos, no sin evidencia sustancial de que el fideicomitente/testador realmente tenía la intención de preservar el patrimonio (...) Un fideicomitente podría intentar crear una vinculación indestructible por medio de un fideicomiso, pero la equidad simplemente no lo permitiría." [19] Lo cierto es que, a diferencia del fideicomiso del Derecho romano, el *trust* emergió de este largo proceso histórico como una institución con características propias y esencial para el *Common Law*.

Lo dicho generó una tensión entre las decisiones de los tribunales del *Common Law* y los tribunales de *Equity*, que fueron unificados en 1873/75 por la *Judicature Act*. Esta ley del Parlamento "*cambió radicalmente la administración de justicia en Inglaterra. Sus objetivos eran tres: primero, combinar el sistema de tribunales superiores ya existente. En segundo lugar, se trataba de combinar el procedimiento de los tribunales del common law con los tribunales de equidad. Finalmente, se trataba de fusionar las reglas sustantivas de equidad con las del common law.*" Como veremos, al día de hoy todavía existe una corte de equidad en Delaware, y es de las más influyentes en el mundo. Pero no deja de ser una excepción.

Si se recurre a la definición actual de *trust* en los Estados Unidos de Bogert, este autor lo define como una relación fiduciaria en la cual una parte tiene un interés en un bien, sujeto a una *equitable obligation* (traducible como "obligación de equidad"

---

[19] Foster, D. (2019). "Construction and Execution of Trusts in Chancery, c. 1660–1750". The Journal of Legal History, 40(3), 270–297.

como contrapuesta a una obligación legal) de mantener o usar este bien para el beneficio de otra persona. Como podemos ver, el concepto de obligación de equidad, se ha mantenido en el tiempo hasta nuestros días en el *Common Law* incluso luego de la eliminación de las cortes de equidad.[20]

Cabe detenerse brevemente en el sistema judicial inglés para una mejor comprensión de lo dicho en materia de *trusts.*

2. EL MÁXIMO TRIBUNAL EN EL REINO UNIDO

El sistema judicial inglés es muy diferente al que estamos habituados quienes nos hemos formado en la tradición del derecho continental europeo. Pero también es diferente al sistema judicial estadounidense que ha sido modelo para varios países de Latinoamérica.

Tal como dijimos, Inglaterra es el país de nacimiento del *Common Law,* y justamente uno de los primeros aspectos en que un jurista de otra jurisdicción podría encontrar sorprendente, es que su constitución no es codificada. Esto es muy en línea con la lógica del *Common Law,* su constitución se ha ido formando a lo largo de siglos de leyes, decisiones y costumbre no constando en un cuerpo único y formal. Asimismo, sigue teniendo un cuerpo judicial especial para las dependencias del Imperio Británico, el *Privy Council.* Pero también es un país que ha visto enormes cambios y muchos de ellos muy recientes, lo dicho incluye la reciente creación de una Corte Suprema y cambios en la forma tradicional de ejercer la profesión.

La Corte Suprema fue creada por el "Acta de Reforma Constitucional de 2005" y recién entró en funciones en 2009. Nos permitimos decir que en términos históricos es una completa novedad. La creación de la Corte Suprema buscó una mayor claridad en la

---

20 Bogert, George T. (1987), *Trusts*, West Group, Sixth Edition, pág. 1.

división de poderes, esto es, se buscó separar la función judicial de la función legislativa para que estén en dos órganos diferentes, y no que el Parlamento también juzgue. Si bien luego el Reino Unido saldría de la Comunidad Europea ("*Brexit*"), en ese momento se entendió que se violaba el artículo 6 de la Convención Europea de los Derechos Humanos que garantiza el derecho a un juicio justo frente a un tribunal independiente e imparcial.

La Corte Suprema del Reino Unido no tiene el poder para declarar una ley del Parlamento inconstitucional. Esto se debe a que se entiende que es el Parlamento el poder soberano que no puede ser interferido por los Jueces. La Corte Suprema puede realizar una "*declaration of incompatibility*" que formalmente declara que una ley del Parlamento viola la Convención Europea de Derechos humanos que no es vinculante para el Parlamento (pero que suele tomar en cuenta para reformar la legislación).

La Corte Suprema del Reino Unido es la instancia final de apelación de todos los casos civiles y criminales de Inglaterra, Gales e Irlanda del Norte. En el caso de Escocia (que tiene su propio Derecho) la Corte Suprema no es el tribunal final para los casos penales que son atendidos por la *High Court of Justiticiary* en *Edinburgo*. La Corte tiene un presidente, un vicepresidente y 10 miembros. Funciona en un edificio renovado en Middlesex Guildhall en la esquina de *Parliament Square*.[21]

Antes de entrar en funciones la Corte Suprema la instancia judicial final para los casos del Reino Unido era el Parlamento, más específicamente el "*Appellate Committe*" de la "*House of Lords*" (la otra Cámara del Parlamento es la Cámara de los *Commons*). Es por ello que no es infrecuente que se citen sentencias del Parlamento, no siendo las sentencias sobre fideicomiso una excepción. Sólo a título ejemplificativo, cabe citar el caso "Brown

---

[21] Se puede obtener información de las sentencias de la Corte Suprema del Reino Unido en: https://www.supremecourt.uk/current-cases/

y otros, y Gregson y otros" de la *House of Lords* del 6 de Mayo de 1920[22] que involucra un *trust* con efectos en la Argentina. El case trata de un causante creó un *trust* y parte del activo transferido fue un inmueble en la Argentina. La sentencia explica que bajo la ley argentina el *trust* no fue reconocido, lo que era cierto en ese momento. Diferente es la situación hoy, dado que ya en en 2005 (10 años después de la sanción de la ley 24.441 que introdujo el fideicomiso en la Argentina) en el caso "Vogelius" frente a un *trust* creado en el Reino Unido por el causante, el Camarista Zannoni dijo que el *trust* era válido en la Argentina, sin perjuicio de que correspondía compensar con bienes en la Argentina la mayor porción de bienes del causante que habían obtenido los herederos que eran beneficiarios del *trust*.[23]

En virtud de lo dicho, cabe asumirse que se verán pocas sentencias de la Corte Suprema (dado que es un cuerpo judicial relativamente nuevo) y se podrán encontrar varias sentencias de la *House of Lords* (en su función judicial que ya no existe), lo que se deberá considerar al analizar el *trust* inglés.

3. PRECEDENTE JUDICIAL (*STARE DECISIS*)

La doctrina del precedente judicial del *Common Law* se basa en el principio de *stare decisis*. Expresión abreviada de "*stare decisis et quieta non movere*" que se podría traducir como mantenerse quieto y firme sin moverse. En otras palabras, mantener lo decidido, siendo por ende obligatorio el precedente. Este principio refleja el deseo de promover la certidumbre y permitir que la ley se desarrolle de forma ordenada y se asume elemento esencial del *Common Law*.

---

22 Cita: [1920] AC 860.

23 Sentencia "Vogelius Angelina Teresa y otros c/ Vogelius Federico y otro s/colación" de la Sala F de la Cámara Nacional de Apelaciones en lo Civil de la Ciudad de Buenos Aires (Argentina) del 3/11/2005.

Un punto fundamental a destacar es que sólo la doctrina que emana de la sentencia es vinculante. En otras palabras, se debe distinguir entre: a) un *obiter dictum* (literalmente *"dicho al pasar"*) que es considerado un mero comentario sin fuerza alguna; b) un *dicta*, esto es, un análisis jurídico que no hace a la decisión del caso concreto pero que sí es un elemento valioso que debe ser considerado, y c) el *holding* (expresión usada en los Estados Unidos) o *ratio decidendi*, esto es, la regla de derecho que emerge del caso por ser la esencia de lo decidido. Toda *ratio decidenci* tiene relación con los hechos del caso, y es justamente este el punto central. La *ratio decidenci* conlleva determinar qué hechos son relevantes.

El debate sobre si un cierto razonamiento del tribunal es *dicta* o *holding* ha sido objeto de largo análisis y varios autores a lo largo del tiempo han buscado una solución.[24] Asimismo, existen otros casos de discusión como cuando en una sentencia con múltiples votos se llega a una solución por sumatoria de votos pero cada voto tiene su fundamento. O casos en que el Tribunal parecería haber cambiado de opinión pero no lo hace explícito. Recordemos que en los casos en que un tribunal del *Common Law* cambia de criterio pero no lo dice expresamente se dice que es un cambio *sub silentio* y suele ser objeto de fuertes críticas. Por el contrario, sí existen casos en que se deja de lado un criterio anterior, y no se lo hace por entender que los hechos relevantes son diferentes sino porque se entiende que el anterior criterio está perimido. De hecho, en 1966 la Cámara de los Lores (que reiteramos una vez más en ese momento y hasta

---

24 Nos remitimos a Cross. R. y Harris, J.W. (2012) *El precedente en el Derecho Inglés*, Marcial Pons. Esta edición en castellano (traducción de Ma. Angélica Pulido) traduce la 4ta edición en inglés de 1991 por lo que si bien la edición en castellano se posterior a la creación de la Corte Suprema en 2009, el libro se refiere a la Cámara de los Lores como máxima instancia judicial. Sin perjuicio de que el libro está desactualizado el mismo es un clásico del Derecho inglés, escrito por dos autores de gran prestigio, que tuvieran que superar las enormes dificultades de ser dos personas no videntes en tiempos de escasa ayuda tecnológica.

2009 era la mayor autoridad judicial) declaró que sí podía dejar de lado sus criterios anteriores sin necesidad de reforma legal, si considerada que tales criterios ya no eran los adecuados.

En el caso en que el cambio de criterio es explícito, esto deja un problema en la ley para el futuro Juez, que inevitablemente se enfrentará a dos decisiones opuestas. En esta circunstancia, el criterio a seguir se esbozó en "*Colchester Estates (Cardiff) contra Carlton Industries [1986] Ch 80*". Nourse J, basándose en las declaraciones realizadas por Denning J en "Minister of Pensions v Higham [1948] 2 KB 153", afirmó que cuando existen decisiones contradictorias, debe preferirse la decisión posterior si se ha llegado a ella tras un examen completo del caso anterior.

Otro aspecto a considerar es que la obligatoriedad del precedente sólo se da por líneas de apelación. Esto es, el Juez de primera instancia del *High Court* estará vinculado por la *Supreme Court* (antes la "*House of Lords*"), la *Court of Appeal* y las *Divisional Courts*. Las decisiones del *High Court* son vinculantes para el *County Court* y las *Magistrates' Courts*. Pero es objeto de debate si un Juez de la *High Court* debe seguir las decisiones de otros jueces de mismo nivel de la *High Court*. Como regla general, un Juez seguirá una decisión de otro Juez del mismo nivel por cortesía, a menos que le convenzan de que esa decisión es errónea. En virtud de lo dicho, las sentencias de los tribunales de igual jurisdicción pero que no están en la línea de apelación no son vinculantes entre sí. Sin perjuicio de lo cual, puede que las use como elemento para fundar una sentencia como muestra de respeto por otro tribunal.

Desde ya un análisis completo del *stare decisis* excede el objeto de este trabajo, pero sí deseamos mostrar que el mismo es mucho menos rígido en el Derecho inglés de lo que podría imaginarse, y desde ya constituye una parte sustancial del derecho aplicable a los *trusts*.

Comentado muy brevemente el nacimiento del *trust* en Inglaterra y los principales puntos relativos a su sistema judicial, cabe pasar a analizar el punto principal de este desarrollo: el *trust* en los Estados Unidos.

4. EL *TRUST* EN LOS ESTADOS UNIDOS

Como era de esperarse, los Estados Unidos tomaron el *trust* del Derecho inglés, y tal como lo explicamos, el Derecho inglés era sustancialmente decisiones de los tribunales y de la *House of Lords.* Bogert explica que: "*Así como los 13 Estados originales adoptaron sustancialmente todo el derecho consuetudinario de Inglaterra, también adoptaron con pocos cambios el sistema inglés de equidad, incluida la normativa de trusts (...) A finales del siglo XVIII, cuando los trusts pasaron a tener un uso más común en Estados Unidos, el sistema inglés había estado bien desarrollado y fue adoptado casi en su totalidad por los primeros Chancellors Estaduales estadounidenses. Los primeros informes Estaduales muestran que a pesar de la relativa pobreza y la novedad de Estados Unidos, los trusts estuvieron involucrados en litigios con bastante frecuencia.*"[25]

Recordemos que los Estados Unidos es un país en que cada Estado dicta su legislación de fondo, no siendo las regulaciones sobre los *trusts* una excepción.[26] En virtud de lo dicho, no existe una ley federal de fideicomiso sino que cada uno de los 50 Estados tiene su propia legislación y jurisprudencia. Entre estos cambios cabe destacar el desarrollo de varios Estados en materia de fideicomisos de protección de activos y de la existencia de una competencia entre Estados para ser el más atractivo para constituir fideicomisos.[27] El segundo cambio a destacar, fue la evolución de la regla contra las perpetuidades, que ha sido flexibilizada pasando de un enfoque

---

25 Bogert on Trusts (2007) 3era Ed. Thomson West, Primer Tomo, Secciones 1 a 46, 30-31.

26 Como fuente de información correcta sobre el *trust* cabe recomendar el sitio web de: *The American College of Trust and Estate Counsel*: https://www.actec.org/.

27 Para un estudio comparativo de la liberalización y competencia de las normas sobre *trusts* en diferentes jurisdicciones estaduales e internacionales cabe ver: Hofri-Winogradow, A. S. (2020) "The Statutory Liberalization of Trust Law Across 152 Jurisdictions: Leaders, Laggards and the Market in Fiduciary Services", University of California, Davis, Vol. 53:2313.

más estricto, que invalidaba los fideicomisos a más de 90 años, a uno mucho más amplio, que en algunos casos permite plazos ilimitados.

5. LOS *RESTATEMENTS* OF *TRUSTS*

Ante la existencia de 50 diferentes derechos de los *trusts,* uno por cada Estado, y ante el hecho de que gran parte del derecho de los *trusts* está contenido en sentencias, la pregunta que se impone es ¿cuál es la mejor forma de conocer tan vasto campo del Derecho? La respuesta está en la obra del *American Law Institute (ALI).* El sitio *del* ALI explica que: "*es una organización privada, independiente y sin fines de lucro que publica reformulaciones de la ley, principios de la ley y códigos modelo para promover su misión de aclarar, modernizar o mejorar la ley para promover una mejor administración de justicia. Los fundadores de ALI identificaron dos defectos principales en la legislación estadounidense: su incertidumbre y su complejidad. Señalaron que estos defectos causan litigios inútiles, a menudo dificultan informar a las personas sobre sus derechos y generan demoras y gastos una vez que comienza el litigio. Desde su fundación en 1923, ALI ha buscado proporcionar un recurso a la profesión jurídica, las legislaturas y los tribunales para aliviar estas preocupaciones.*"[28]

El ALI, entre otras obras, recopiló las normas relativas al fideicomiso que surgen las leyes y jurisprudencia de cada Estado en el *Restatement of Trust Law* que actualmente va por la tercera edición, denominada "*Restatement of the Law (3d) of Trusts*". La primera edición fue publicada en 1935. Esta primera edición posteriormente fue complementada, ampliada y modificada en varios puntos. La segunda edición fue publicada en 1959. Finalmente, el *American Law Institute* publicó en volúmenes separados la actual tercera edición. El sitio web del *American Law Institute* explica que la citada 3era edición del *Restatement of Trust Law*:

---

28 https://www.ali.org/about-ali/faq/ bajo la pregunta: *What is the Law Institute?* Visitado el 9 de febrero de 2025.

"*proporciona un tratamiento contemporáneo del derecho de los fideicomisos, ofreciendo orientación autorizada a legisladores, jueces y quienes asesoran a fiduciarios y beneficiarios o se esfuerzan por redactar instrumentos que reflejen con precisión las intenciones legales de los fiduciantes. La obra representa una revisión completa del Restatement Second, que ya no se imprime. Los volúmenes 1 y 2 cubren la naturaleza, creación y elementos de los fideicomisos; intereses y derechos de los beneficiarios; y modificación y extinción del fideicomiso. El volumen 3 trata sobre los poderes y deberes de los fideicomisarios e incorpora una versión actualizada de un volumen anterior de Prudent Investor. El cuarto volumen cubre la administración de fideicomisos, en particular los abusos de confianza y los recursos legales apropiados.*"[29] Surge claramente de lo dicho que son tareas de muchos años y gran esfuerzo, lo que no hace más que sumar a su autoridad moral. En esta lógica, Cámara Lapuente refiriéndose a los *Restatement* en general (no sólo el referido a *trust*) dice que: "*Baste recordar que la primera serie de los Restatements estadounidenses costó 21 años (1923-1944), la segunda serie se inició en los años 50 y la tercera en 1987 …* ".[30]

David M. English explica que los *Restatement,* son más que un documento que recopila y resume, en un solo lugar, el derecho sobre un tema en particular. Más bien, cuando las decisiones de los tribunales entran en conflicto, un *Restatement* se esfuerza por delinear la mejor regla. También trata de llenar los vacíos en la ley, para promover la regla que los Tribunales deberían aplicar cuando se encuentran con un problema por primera vez. La esperanza es que los tribunales de los diferentes Estados,

---

29 https://www.ali.org/publications/restatement-law-third/trusts. Visitado el 16 de octubre de 202

30 Cámara Lapuente, S. (2002) "El hipotético «Código Civil Europeo»: ¿por qué, cómo y cuándo?" en: *Estudios jurídicos en homenaje al profesor Luis Díez-Picazo,* vol. 1, Civitas, pp. 347-80.

al confiar en el *Restament* como guía principal para la decisión, adopten reglas uniformes de decisión a lo largo del tiempo.[31]

Los *Restatements* son el más perfecto ejemplo de *soft law.*[32] Claramente no tienen fuerza vinculante ni son impuestos por ninguna autoridad pública, pero son un elemento imprescindible para el conocimiento del Derecho que, dada su autoridad moral, es utilizado por abogados, jueces y árbitros como fundamentos de sus opiniones y sentencias. Además del derecho de los fideicomisos, cubren otras 30 áreas del Derecho. En esta línea, Henry D. Gabriel explica que: "*Con más de 150.000 citas de Restatements of Law, estos instrumentos de soft law han tenido un tremendo impacto en el derecho positivo.*"

Asimismo, cabe destacar que los *Restatements* han tenido notable influencia en Europa, tal como explica refiriéndose al marco común de referencia europeo, Hans Schulte-Nölke dice que el mismo*: "es un proyecto inspirado en los Restatements del American Law Institute. La historia del American Law Institute resultó un éxito. Sus Restatements and Principles of the Law son citados frecuentemente por los jueces y en los libros de texto. Constituyen un marco común de referencia para los abogados norteamericanos cuando tratan de la ley y no sólo de las normas aplicables en una jurisdicción particular o en uno de sus estados.*"

En síntesis, los *restatments of trusts* son una excelente forma de conocer el derecho de los fideicomisos en los Estados Unidos (así como de otras ramas del Derecho), y cabe asumirse que además son fuente para el fundamento de fallos y nueva legislación.

---

31 English, D.M. (2002). "The Uniform Trust Code (2000): Significant Provisions and Policy Issues" Missouri Law Review, Vol. 67, pág 143 y sgts.

32 Henry D. Gabriel, (2019) "The Use of Soft Law in the Creation of Legal Norms in International Commercial Law: How Successful Has It Been?", 40 Mich. J. Int'l L. 413.

6. LOS *UNIFORM TRUST CODES*

La segunda fuente para conocer el derecho de los fideicomisos en los Estados Unidos también es *soft law,* en este caso de modelos de normativa. Nos referimos al *Uniform Trust Code.* Este modelo de código es elaborado por la *National Conference of Commissioners on Uniform State Laws* (NCCUSL), también denominada la *Uniform Law Commission.* Tal como su sitio *web* lo explica, es una: "*asociación no partidista, sin fines de lucro y no comercial, que discute y debate qué áreas de la ley requieren uniformidad entre los Estados y territorios (...) está formada por comisionados designados por cada Estado, el Distrito de Columbia, el Estado Libre Asociado de Puerto Rico y las Islas Vírgenes de los Estados Unidos. Cada jurisdicción podrá determinar sus propios criterios de selección y nombrar cualquier número de representantes, siempre que los representantes sean miembros del colegio de abogados. Actualmente hay más de 300 comisionados en la NCCUSL compuestos por legisladores, profesionales, jueces y profesores estaduales. Los comisionados no reciben compensación del NCCUSL.*"[33]

La NCCUSL redacta leyes uniformes como modelo para las diversas jurisdicciones, pero cada Estado es totalmente libre de aceptarlas, tomarlas con modificaciones o simplemente ignorarlas. Cabe destacar que la NCCUSL preparó varios modelos de leyes sobre fideicomisos. De estos modelos, el mayor avance en la regulación de los fideicomisos en los Estados Unidos fue el *Uniform Trust Code* en 2000 (UTC) modificado posteriormente en varias oportunidades, que fue adoptado por varios Estados. En virtud de lo dicho, hoy en día la gran división es entre Estados que adoptaron este Código y Estados que no lo hicieron. De los 50 Estados de los Estados Unidos sólo 17 no tomaron este modelo. Sin embargo, muchos de los Estados que no lo

---

[33] Sitio web visitado el visitado el 16 de octubre de 2025: https://www.law.cornell.edu/wex/national conference of commissioners on uniform state laws (nccusl)#:~:text=The%20National%20Conference%20of%20Commissioners,among%20the%20states%20and%20territories.

hicieron son aquellos cuyo Derecho más se utiliza en el mundo de los negocios incluyendo a California, Delaware y New York.

A los efectos de comprender la relevancia del UTC y su interrelación con el *Restament*, cabe seguir la excelente explicación que brinda David M. English, quien destacamos participó de la elaboración del UTC.[34] English explica que el UTC es el primer esfuerzo de la NCCUSL para proporcionar a los Estados un modelo integral para codificar su ley de fideicomisos. La redacción del UTC fue impulsada por el uso mucho mayor de fideicomisos en los últimos años. También llevó a reconocer que las leyes uniformes anteriores relacionadas con los fideicomisos, si bien son numerosas, son fragmentarias. La fuente principal de la ley de fideicomisos en la mayoría de los demás estados es el *Restatement of Trusts* y los tratados de varios volúmenes de Scott y Bogert. Nos referimos a las obras en varios tomos originalmente escritas por George Gleason Bogert (1884-1977), quien en 1935 publicó *Trusts and Trustees* (15 volúmenes), y por su hijo, George Taylor Bogert (1920-2019); y por Austin Wakeman Scott (profesor de la Universidad de Harvard, 1884-1981), y que luego fuera continuada por prestigiosos autores siendo hoy ambas obras referencias indiscutibles en materia de *trusts*.

Si bien la UTC es la primera ley *uniforme integral* sobre el tema de los fideicomisos, al momento de su redacción ya existían leyes estaduales integrales de fideicomisos en vigor en varios Estados, siendo California y Texas los más conocidos. El UTC fue redactado por un comité presidido por Maurice Hartnett, Juez de la Corte Suprema de Delaware y ex Juez de la Corte de Cancillería de Delaware (sobre la cual volvemos en el siguiente punto), por lo que tenía larga experiencia en casos de fideicomisos. Hartnett actuó como relator y fue responsable de llevar a cabo las decisiones del comité de redacción en el día a día y de preparar los distintos

---

34 English, D.M. (2002). "The Uniform Trust Code (2000): Significant Provisions and Policy Issues" *Missouri Law Review*, Vol. 67, 143 y sgts.

borradores. El comité de redacción contó con la asistencia de numerosos asesores. Estos asesores incluyeron la *American Bar Association* y el *American College of Trust and Estate Counsel* (ACTEC).

La UTC se redactó con gran influencia de la *Restatement* por ser la referencia más completa y fácilmente disponible del derecho vigente. En otras palabras, existe una fuerte interacción de ambas fuentes, dado que una vez vigente, el UTC pasa a ser derecho y como tal ser receptado por los *Restatements.*

El texto legal de la UTC también se complementa con sus comentarios, que, al igual que los comentarios a cualquier ley uniforme, pueden considerarse como una guía para la interpretación.

Finalmente, por el uso prevalente de los *trusts* en los Estados Unidos para planificación y protección patrimonial, cabe la aclaración que el UTC no está dirigida específicamente a fideicomisos comerciales, pero tampoco los excluye. El grado en que los fideicomisos comerciales estarán sujetos al UTC dependerá del tipo de fideicomiso y de las leyes, distintas de la UTC, bajo las cuales se creó el fideicomiso. Incluso si el fideicomiso comercial se rige exclusivamente por otro cuerpo de leyes, los tribunales son libres de recurrir a la UTC para obtener orientación interpretativa.

7. LA *DELAWARE COURT OF CHANCERY*

Tal como ya dijimos, el sistema de la doble jurisdicción (*common law* y *equity*) se mantuvo en Inglaterra hasta fines del siglo XIX en que fueron unificadas. Sin embargo, dada su enorme relevancia en materia de *trusts* (y temas societarios), cabe mencionar que al menos una corte de equidad sigue existiendo. Nos referimos a la Corte de Equidad de Delaware (*Delaware Court of Chancery*). Cabe destacar que desde principios del Siglo XX es esta Corte en la cual se tratan los grandes casos corporativos del Estado de Delaware, muchos de los cuales giran en torno al *fiduciary duty* (traducible como deberes de lealtad) de sus directores, y, por ende, la mayoría de los grandes casos entre empresas de los Estados Unidos.

Las cortes de equidad fueron reconocidas y reguladas por la segunda Constitución de Delaware (que rescataba una larga tradición anterior) en 1792, para permanecer en el Derecho constitucional de este Estado de los Estados Unidos hasta hoy en día. Esta Segunda Constitución de Delaware (que no es la vigente) establecía en la primera oración de su artículo VI, Sección 14 que la jurisdicción de equidad hasta ese momento ejercida por la *Common Pleas Court*, sería separada de la jurisdicción del *common law*, y atribuida a un *Chancellor*, quien sería titular de las Cortes de Equidad en varios condados de este Estado. Esta norma es especialmente relevante pues da cuenta que ya había una jurisdicción de *equity* separada del *common law*, y además porque por primera vez en el derecho del Estado de Delaware se crea expresamente esta Corte para ejercer esta jurisdicción.

Posteriormente, hubo varios cambios relevantes en la organización del Poder Judicial de Delaware, entre los cuales cabe destacar la Constitución de 1897 de Delaware que reguló con mayor detalle a la *Court of Chancery* y su relación con el resto del Poder Judicial del Estado. En 1949 una reforma constitucional receptó la figura del *Vice Chancellor*. El primer *Vice Chancellor* se nombró en 1939, el segundo en 1961, el tercero en 1984; el cuarto en 1989, y posteriormente se sumaron dos más, siendo hoy una corte de 7 miembros, 6 *Vice Chacellors* y un *Chancellor*. En 1951 se creó una Corte Suprema del Estado tal como existe hoy en día que es la superior de la *Court of Chancery*. Con respecto a este último punto cabe destacar que la Corte Suprema de Delaware en los casos *Glanding v. Industrial Trust Co.* (1945) y *duPont v. duPont* (1951) dijo que la *Court of Chancery* posee bajo la constitución de Delaware los poderes como tribunal de equidad de la que fuera la *High Court of Chancery* en el Reino Unido, y que existiera al momento de la independencia de los Estados Unidos en 1776.

Finalmente, cabe comentar que si bien, tal como ya se dijo, esta Corte ha tratado casos sumamente relevantes en materia de corporaciones, su competencia es muy amplia pues incluye cualquier remedio no previsto por el *Common Law* por lo que ha dictado sentencias sobre testamentos, fideicomisos, discriminación racial, negativa a recibir tratamientos médicos, derechos reales y temas de capacidad de las personas, entre otros.

8. EL TRASPASO DEL *TRUST* INGLÉS A OTRAS JURISDICCIONES DEL *COMMON LAW*

Tal como ocurrió en los Estados Unidos, otras jurisdicciones recibieron el *trust* al incorporar el Derecho inglés a su Derecho. Son ejemplos de lo dicho las jurisdicciones de Bahamas, Bermudas, Chipre, Hong Kong, Islas Cayman, Islas Vírgenes Británicas, Jersey, Nueva Zelanda, y Singapore, entre otras.

En el caso de Australia, dado que es una nación federal en que sus Estados (con seis Estados y diez territorios federales) tienen su propia legislación de fondo y tribunales, no existe un derecho fiduciario nacional sino que cada Estado tiene el propio. Sin embargo existe algún grado de uniformidad, dado que el Tribunal Superior de Australia es el tribunal de apelación final de todos los tribunales estatales y territoriales, y por aplicación del *stare decisis* del *common law,* sus sentencias son fuente de derecho federal unificado en Australia. Asimismo, las sentencias de los tribunales ingleses son consideradas por los tribunales australianos en sus decisiones.

Un aspecto fundamental para entender la influencia actual de derecho inglés sobre alguna de las estas jurisdicciones es el *Judicial Committee of the Privy Council.* El *Privy Councel* nació en el Siglo XIII (con antecedentes tan lejanos como la *Curia Regis* del Siglo XI) como un brazo ejecutor de las políticas del Rey, pasando luego esta función al Gabinete a finales del Siglo XVII y comienzo del XVIII, quedando como un cuerpo asesor del Rey. Asimismo, los *Privy Councel* de las naciones que conforman el Reino Unido se fueron unificando hasta llegar a un único *Privy Councel.*

Este es un órgano judicial particular del Reino Unido que originalmente fue el tribunal de apelación final para casos civiles y penales del Imperio Británico, y que hoy cumple esta función judicial para varios países del *Commonwealth* así como territorios y dependencias de la Corona (Jersey, Guernsey, Alderney, Sark y Isle of Man). Para las apelaciones del *Commonwealth* el tribunal se compone de 5 miembros, para los restantes temas participan 3 miembros. Actualmente, el *Privy Council* comparte edificio y varias funciones administrativas con la Corte Suprema. Cabe mencionar que hasta no hace tanto ciertas decisiones de judiciales de terceros países eran apelables al *Privy Council,* por ejemplo, los temas federales australianos no se pueden apelar desde 1975 pero los temas provinciales fueron apelables hasta 1986; los temas canadienses lo fueron hasta 1949, los de Nueva Zelanda hasta 2003 y los de Belice hasta 2010. En otras palabras, si bien la jurisdicción de este particular órgano judicial se va reduciendo, sigue siendo relevante y lo fue por muchos años.

El *Privy Counsel* dicta sentencias bajo la forma de consejo al Rey que luego debe aprobarlos (lo que siempre hace). Esta función fue regulada por ley del Parlamento en 1833 por la *Judicial Commitee of the Privy Council Act 1833.* A nivel doméstico el atiende apelaciones de colegios profesionales tales como: (i) *General Medical Council* (Medical Act 1983); (ii) *General Dental Council* (Dentists Act 1984); (iii) *General Optical Council* (Opticians Act 1989); (iv) *Council of the Royal College of Veterinary Surgeons* (Veterinary Surgeons Act 1966); (v) *General Osteopathic Council* (Osteopaths Act 1993); (vi) *General Chiropractic Council* (Chiropractors Act 1994); (vii) apelaciones de la *Court of Chivalry* (sobre temas heráldica); (viii) apelaciones de la *Prize Courts* relativas a embargos de barcos; (ix) apelaciones de la *Court of Admiralty of the Cinque Ports* sobre colisiones y piratería en el mar: (x) apelaciones de ciertas cortes eclesiásticas; y (xi) apelaciones de ciertos temas pastorales bajo la *Mission and Pastoral Measure 2011.*

En síntesis, a través de las apelaciones al *Privy Conunsel*, el Derecho inglés continuó siendo fuente de derecho para múltiples jurisdicciones por años, y lo sigue siendo en la actualidad para aquellas que los tienen como máximo tribunal.

Capítulo III: El nacimiento y desarrollo del Fideicomiso Latinoamericano

La primera ley de fidecomiso de Latinoamérica es de Panamá.[35] El 29 de enero de 1925 se publica la Ley 9 del 6 de enero de 1925 sobre la "Institución del Fideicomiso" en Panamá (Gaceta No.4567), redactada por el jurista Ricardo J. Alfaro. Esta ley fue reemplazada por la Ley 17 de 1941, para posteriormente ser reemplazada por la Ley 1 de enero de 1984, la cual está vigente hoy (modificada mediante la Ley 21 de mayo de 2017).

Sin embargo, el primer país Latinoamericano en tener una ley operativa y usada en la práctica de fideicomiso en toda Latinoamérica fue México. Si bien tuvo leyes anteriores (que tomaban el concepto de mandato con entrega de bienes de la ley panameña de 1925), México incorporó y comenzó a utilizar el fideicomiso en 1932 en su *Ley General de Títulos y Operaciones de Crédito.* Pablo Macedo, autor de esta ley, fue quien creó el modelo latinoamericano de fideicomiso como patrimonio de afectación que se expandió por toda la región. En otras palabras, fue Pablo Maceo quien habiendo analizado el *trust* estadounidense, lo adaptó al derecho civil y este modelo mexicano de fideicomiso el que es adoptado por todos los países de Latinoamérica.

---

35 Para un análisis en detalle del fideicomiso en Latinoamérica nos remitimos a: Malumian, N. (2009), *Trusts in Latin America,* Oxford University Press.

Ya en 1970 la Suprema Corte de Justicia de México[36] explicaba que: "*Como negocio típico distinto de otros negocios, el fideicomiso aparece regulado en la legislación mexicana en mil novecientos treinta y dos, al entrar en vigor la Ley General de Títulos y Operaciones de Crédito. Anteriormente, fue introducido en la Ley de Instituciones de Crédito de mil novecientos veinticuatro, la cual hizo referencia a él sin reglamentarlo, y la Ley sobre la misma materia, de mil novecientos veintiséis, lo consideró como un mandato irrevocable. Su antecedente inmediato es el Trust norteamericano, cuya institución en un aspecto jurídico ha sido definida como una obligación de equidad, por la que una persona llamada Trustee (fiduciario), debe usar una propiedad sometida a su control (que es nombrada Trust property), para el beneficio de personas llamadas cestuique Trustee. Dicho antecedente fue adoptado parcialmente por el legislador mexicano, de acuerdo con nuestro medio, aun cuando en rigor estructuró una institución completamente diversa al Trust, y la instituyó como una operación exclusivamente bancaria, en atención a la solvencia de los bancos y a la vigilancia que sobre ellos ejerce el Estado. Atendiendo a su naturaleza jurídica, mediante el fideicomiso, según el artículo 346 de la Ley General de Títulos y Operaciones de Crédito, el fideicomitente destina ciertos bienes a un fin licito determinado, encomendando la realización de este fin a una institución fiduciaria. Y conforme al artículo 351 de la misma Ley, los bienes que se den en fideicomiso se consideran afectados al fin a que se destinan y, en consecuencia, sólo podrán ejercitarse respecto a ellos los derechos y acciones que al mencionado fin se refieren, salvo los que expresamente se reserve el fideicomitente; los que para él deriven del fideicomiso mismo o los adquiridos legalmente respecto de tales bienes, con anterioridad a la constitución del fideicomiso, por el fideicomisario o por los terceros. Por lo tanto, puede establecerse que el fideicomiso es un negocio jurídico en virtud del cual el fideicomitente constituye un patrimonio autónomo, cuya titularidad se atribuye al fiduciario, para la realización de un fin determinado. Dicho patrimonio es autónomo*

---

36 Amparo directo 3176/65/2. Elvira Rascon de Macin y Coag. 22 de septiembre de 1970. 5 votos. Ponente: Salvador Mondragón Guerra.

porque es distinto a los patrimonios propios de quienes intervienen en el fideicomiso (fideicomitente, fiduciario, fideicomisario)."

A partir de la creación del modelo de fideicomiso latinoamericano por México, la figura fue avanzando en toda la región. En tal sentido, tomando la fecha de leyes que se sancionaron las leyes con utilización efectiva se puede decir que a México le siguieron: Colombia en 1941, Honduras en 1950, Venezuela en 1956, Costa Rica en 1961, Guatemala y El Salvador en 1970, Bolivia en 1977, Panamá en 1984 (derogando su ley de 1925 y cambiando el modelo de fideicomiso por el mexicano), Ecuador en 1993, Argentina en 1995, Perú y Paraguay en 1996, Uruguay en 2003, y Nicaragua y República Dominicana en 2011. Podríamos decir que los dos grandes ausentes son Brasil que tuvo su primera ley en 1965, pero que luego de varias incorporaciones legislativas (incluyendo el Código Civil de 2003), y de varios borradores de legislación, al día de hoy no regula el fideicomiso de administración sino el fideicomiso en garantía y un esquema de fideicomiso testamentario, y Chile que no tiene regulación de fideicomiso.

Cabe aclarar que si bien hay países federales en América Latina (Argentina, Brasil y México son los ejemplos claros), en ninguno de ellos el fideicomiso se rige a nivel provincial o estadual, sino en todos los casos la normativa es a nivel nacional o federal. Sí podría ocurrir que un poder judicial provincial o estadual dicte una sentencia diferente, pero la última instancia de apelación siempre es federal. Por lo tanto, no ocurre (como en Australia, Canadá, España o Estados Unidos) que diferentes provincias, estados o regiones autónomas de un país latinoamericano tengan diferentes regulaciones sustanciales sobre fideicomisos. Lo que sí podría suceder en los países federales, pero está más allá del objeto de este trabajo, es que podría existir un diferente tratamiento fiscal en los diferentes Estados o Provincias dentro de un mismo país en América Latina.

En el caso particular de la Argentina ya el Código Civil (vigente desde 1871 hasta agosto de 2015) tenía un artículo, el 2662, que hablaba del dominio fiduciario imperfecto. Sin embargo, con la excepción de algunos juristas que muy valiosamente propugnaban su uso, no fue sino hasta enero de 1995 que con la Ley 24.441 de Financiamiento de la Vivienda y de la Construcción que tuvo una ley de fideicomiso. Es por este motivo que en el párrafo anterior ponemos a la Argentina como incorporando el fideicomiso a su legislación en ese año. Finalmente, en agosto de 2015, entró en vigencia el actual Código Civil y Comercial de la Nación que incorporó en su articulado la figura del fideicomiso que rige hoy en día.

Cabe entonces preguntarse, ¿cómo se adaptó el *trust* estadounidense al derecho civil latinoamericano? En los puntos siguientes explicaremos la evolución histórica y el encuadre dentro del derecho civil del *trust.*

1. LA TAREA DE ALFARO Y MACEDO

En un trabajo preliminar a la traducción de la obra de Pierre Lepaulle,[37] El jurista mexicano Pablo Macedo explica la génesis de la legislación de fideicomiso mexicana comentando la doctrina más influyente. Pablo Macedo muestra un especial interés en la obra del panameño Ricardo J. Alfaro, quien con su libro "*El Fideicomiso: Estudio sobre la necesidad y conveniencia de introducir en la legislación de los pueblos latinos una institución nueva, semejante al trust del derecho inglés*" (Imprenta Nacional, Panamá, 1920) fue un difusor e impulsor del fideicomiso bajo el modelo del *trust.* Tal como ya dijimos, Ricardo Alfaro elabora un proyecto que pasa a ser la Ley de Panamá de Fideicomiso del 6 de enero de 1925, siendo la primera ley de fideicomiso en Latinoamérica. Sin embargo, se consideraba al fideicomiso "*un mandato irrevocable*

---

[37] Nos referimos al estudio sobre *El Fideicomiso Mexicano* de autoría de Pablo Macedo publicado como análisis de la traducción de Pierre Lepaulle, (1975) *Tratado Teórico Práctico de los Trusts: En el derecho interno, en derecho fiscal y en derecho internacional,* Porrua.

en virtud del cual se transmiten determinados bienes a una persona llamada fiduciario para que disponga de ellos conforme lo ordena el que los transmite, llamado fideicomitente, a beneficio de un tercero llamado fideicomisario". Reiteramos que no siendo este el modelo adoptado por las legislaciones latinoamericanas, y de hecho, tal como ya dijimos, Panamá modificó su legislación posteriormente.

Continuando con el análisis de Macedo, este jurista hace un recuento de los pasos legislativos en México entre los cuales se destacan que el 24 de Noviembre de 1924 se introduce el primer antecedente del fideicomiso al crearse los "bancos de fideicomiso" en la Ley General de Instituciones de Crédito y Establecimientos Bancarios.

Dos años después, el 30 de junio de 1926 se promulga la Ley de Bancos de Fideicomiso. Esta legislación tiene por modelo la Ley Alfaro ya citada, lo que es evidente si se considera que su artículo 6 establece que "*el fideicomiso propiamente dicho es un mandato irrevocable en virtud del cual se entregan al Banco, con carácter de fiduciario determinados bienes, para que disponga de ellos o de sus productos según la voluntad del que los entrega, llamado fideicomitente, a beneficio de un tercero llamado fideicomisario*". Ese mismo año, el 31 de agosto de 1926 se dicta una nueva Ley General de Instituciones de Crédito y Establecimientos Bancarios que recepta a los Bancos de Fideicomiso y adopta el mismo concepto de fideicomiso como mandato irrevocable, por lo que se mantiene el modelo de la Ley Alfaro. Cabe destacar que Pablo Macedo, citando a Roberto Molina Pasquel[38] sostiene que durante la vigencia de esta ley no se otorgó ninguna concesión para Bancos Fiduciario y no se practicó ningún fideicomiso propiamente dicho.

El 28 de junio de 1932 se dicta la nueva Ley General de Instituciones de Crédito y el 26 de agosto de 1932 la Ley General de Títulos y Operaciones de Crédito. Ambas leyes se conciben en

---

[38] Molina Pasquel, R. (1946) *Los Derechos del Fideicomisario*, Jus, pág 103 y nota.

conjunto y deben analizarse como una normativa complementaria. La primera regula al fiduciario y la segunda al fideicomiso en sí mismo. Esta normativa es un divisor de aguas fundamental porque rompe con la lógica de la Ley Alfaro (esto es, la concepción del fideicomiso como un mandato irrevocable) y como ya dijimos, es el primer ejemplo del concepto de fideicomiso latinoamericano tal como lo conocemos hoy en día. En esta normativa Pablo Macedo explica que tuvo el rol de proponer el articulado de la Ley de Títulos que habría de convertirse en el Título II, Capítulo V, Del fideicomiso, que la comisión redactora aceptara, articulado del cual es único autor y pleno responsable mientras que no tuvo intervención alguna en la configuración de las instituciones fiduciarias.

En síntesis, si bien se puede buscar un primer antecedente del fideicomiso latinoamericano en Ricardo Alfaro, las legislaciones latinoamericanas rompieron con su idea del mandato irrevocable con transferencia de bienes y adoptaron la idea del patrimonio de afectación destinado a un fin y de propiedad del fiduciario, pero una propiedad *sui generis* limitada por los fines del fideicomiso, esto es, una propiedad fiduciaria.

Hecha esta breve síntesis histórica, cabe detenernos en las teorías que buscan explicar la naturaleza jurídica del fideicomiso en los países de tradición de derecho civil.

2. ¿QUÉ ES EL FIDEICOMISO BAJO EL DERECHO CIVIL?

Los países latinoamericanos adoptaron el modelo del *trust* anglosajón bajo la denominación de fideicomiso como patrimonio de afectación.[39] Entre los aspectos que debieron ser superados

---

39 Tal como ya dijéramos, si bien algunos países en Latinoamérica utilizan la expresión fiducia en vea de fideicomiso, en la presente obra las utilizaremos indistintamente.

para crear el fideicomiso, está el "*numerus clausus*" en materia de derechos reales. En otras palabras, no es posible crear un derecho real por acuerdo entre partes. Los derechos reales son los previstos por la ley y la autonomía de la voluntad no puede agregar nuevos. Y justamente, salvo pocas excepciones, no existía un derecho real fiduciario, ni mucho menos una separación entre un derecho real basado en el Derecho y otro basado en la equidad (dado que la tradición continental europea nunca vio una separación así).

La búsqueda de una caracterización jurídica del fideicomiso en el derecho continental llevó a la formulación de varias explicaciones sobre qué es un fideicomiso bajo el derecho civil. Si bien hemos tomado como base el caso de Latinoamérica (por cercanía cultural e histórica con España y por tener casi 100 años de experiencia y comprender a múltiples países), cabe destacar que este análisis es aplicable a toda jurisdicción de derecho civil que incorpore al fideicomiso. Basta como ejemplo ver el análisis hecho en China posteriormente al 2001 al incorporarse el fideicomiso.[40]

Tal como explicamos, Ricardo J. Alfaro sostuvo, inicialmente, que la adaptación del *trust* anglosajón en las legislaciones latinoamericanas tenía su fundamento en el mandato ya que era el contrato que más analogías tenía con el *trust* inglés. De hecho, todo fideicomiso involucra una manda, mandato o instrucción. Los bienes no pasan del fiduciante (o fideicomitente) al fiduciario sin que el primero le diga qué debe hacer el segundo (como mínimo que los debe administrar y transferir a ciertas personas). A diferencia del dominio pleno en que quien recibe los bienes hace lo que desea, en el dominio fiduciario el fiduciario está sujeto a esta instrucción. En la concepción de Alfaro, este mandato tendría por particularidad su irrevocabilidad y que involucra la administración de bienes. El fiduciario aparecía así, investido de facultades propias de la administración de bienes por cuenta

---

40 Ver: Lee, R. (2009). "Conceptualizing the Chinese Trust", ICLQ vol 58, 655–669.

de un tercero, sin que exista una verdadera transmisión de dominio, teniendo sólo la representación jurídica del fiduciante que conserva dicho título. Es decir, se veía al fiduciario como una persona que obraba únicamente en interés ajeno.

Fruto de las críticas vertidas por los autores de la época que sostenían que el resultado de la creación de esta figura es el alejamiento del *trust*, ya que mientras en el *trust* se escinde la propiedad, en el fideicomiso pensado como mandato, el fiduciario no actuaría como propietario de los bienes frente a terceros sino como un mero mandatario del fiduciante quien es el verdadero dueño, Alfaro hizo una aclaración posterior agregando a su definición que en virtud de dicho mandato irrevocable se transmiten ciertos bienes.

Más allá de ser un antecedente histórico, según la legislación latinoamericana vigente, queda claro que el fideicomiso no es un contrato de mandato y que el fiduciario no es un mandatario del fideicomitente ni de los beneficiarios.

También se ha intentado ver al fideicomiso como una institución en la cual se desdobla el derecho de propiedad del fiduciante en dos nuevos derechos de propiedad, el del fiduciario y el del beneficiario. Esto es, son dos personas que tienen derechos sobre el mismo bien. Algo así como un nudo propietario y un usufructuario. Es decir, mientras el fiduciario tiene la propiedad legal de los bienes, el beneficiario detenta una propiedad de contenido económico sobre los mismos. Cuando el fideicomiso se extingue, estas dos propiedades vuelven a reunirse en un mismo sujeto. Esta división busca replicar la división original del *trust* entre *law* y *equity* tal como existió en el *Common Law*. De hecho, tal como se mencionara, todavía al día de hoy el *trust* se define en el *Common Law* como una relación en confianza sobre cierta propiedad.

Es cierto que desde una perspectiva práctica el fideicomiso crea una división de la propiedad en la propiedad imperfecta o fiduciaria del fiduciario y los beneficios que se derivarían para un beneficiario (que no tiene un derecho real sino personal y que hasta puede no existir en cierto momento). En esta teoría, el beneficiario sería quien goza del derecho a los beneficios económicos que se deriven del patrimonio fiduciario. Sin embargo, esta teoría no explica la creación de un patrimonio separado, con su propio conjunto de acreedores y deudores. Asimismo, estaríamos frente a un derecho real de un beneficiario que podría no existir a la fecha de creación del *trust,* o ser indeterminado. En otras palabras, un derecho real tan particular que realmente no sería tal.

En concreto, esta teoría, que intentan replicar en el derecho civil la creación del *trust* en el *Common Law,* no ha tenido recepción por los derechos civiles latinoamericanos. El fiduciario sí tiene un derecho real (el dominio fiduciario) y los beneficiarios tienen un derecho personal.

Una tercera postura ha sido considerar que existe un patrimonio sin propietarios. El fideicomiso es patrimonio distinto al de todas las partes intervinientes y lleva implícita necesariamente una transferencia de propiedad. Hasta este punto, claramente la teoría es superior a las anteriores. Asimismo, este patrimonio distinto, debe estar afectado a un fin (que puede ser beneficiar a un conjunto indeterminado de personas), ya que si ninguna afectación ha sido prevista no hay fideicomiso. El patrimonio fiduciario está sujeto al cumplimiento de la instrucción, manda, mandato o más simplemente aquello que ha sido dispuesto en el contrato o testamento. A diferencia de un dominio pleno, que se caracteriza porque el titular a nadie debe rendir cuentas y puede hacer lo que le plazca (desde ya dentro del ordenamiento jurídico), en el dominio fiduciario existe una sujeción al cumplimiento de una instrucción, manda o mandato.

En esta teoría, los elementos medulares están presentes: 1) existe una transferencia de propiedad; 2) con un encargo o instrucción; y 3) se forma un patrimonio separado. Tal como veremos en la siguiente parte de esta obra, estos son los elementos constituyentes de un *trust* bajo el *Common Law,* bajo el Convenio de la Haya y bajo el derecho latinoamericano. Sin embargo, el aspecto de esta teoría que claramente se separa de los derechos latinoamericanos, es que el patrimonio fiduciario carece de titular. Esto es, bajo esta teoría es un patrimonio sin titular ni dueño. Esta situación es extraña a la mayoría de los derechos continentales, que incluso en el caso de sucesiones, patrimonios concursales, bienes abandonados, el Derecho busca evitar la existencia de *res nullius*. En virtud de lo dicho, es una teoría que fue rechazada.

Tal como comentamos al tratar los antecedentes del fideicomiso, el jurista francés Pierre Lepaulle sostenía esta teoría. Este autor explica que: "*si la necesidad de un patrimonio y una afectación son condiciones esenciales para la creación y la vida de un fideicomiso, no podemos escapar a la conclusión de que: el fideicomiso es un patrimonio afectado... El fideicomiso es una institución jurídica que consiste en un patrimonio independiente de cualquier persona y cuya cohesión deriva de una afectación hecha libremente dentro de la ley y el orden público*".[41]

Sin embargo, no es una teoría que carezca de aplicación práctica. Esta parece ser la solución adoptada por el Código Civil de Quebec. El artículo 1260 del Código Civil de Québec (Provincia de Canadá) dispone que: "*un fideicomiso resulta de un acto por el cual una persona, el fiduciante, transfiere propiedad de su patrimonio a otro patrimonio constituido por él el cual destina a un propósito particular y que un fiduciario acepta, por su consentimiento, en tener y administrar*". Hasta aquí, no habría diferencia con ninguna ley de Latinoamérica. Pero, el artículo 1261 del mismo Código establece que: "*el patrimonio fiduciario, consistente en la propiedad transferida en fideicomiso, constituye un patrimonio de afectación, autónomo y distinto de el del fiduciante, el fiduciario o el beneficiario y sobre el cual ninguno de ellos tiene un derecho real*".[42]

---

41 Lepaulle, P. (1975) *Tratado Teórico Práctico de los Trusts: En Derecho Interno, En Derecho Fiscal y en Derecho Internacional*, 23–24.

42 En inglés los textos son: "*A trust results from an act whereby a person, the settlor, transfers property from his patrimony to another patrimony constituted by him which he appropriates to a particular purpose and which a trustee undertakes, by his acceptance, to hold and administer.*" Y "*The trust patri-*

En otras palabras, la solución no fue la creación de un nuevo derecho real, sino de negar que exista un derecho real sobre los bienes del fideicomiso. El razonamiento subyacente es que, como la propiedad según el derecho civil es absoluta, entonces si deseamos que alguien tenga un bien pero no tiene derecho a usarlo y disfrutarlo, entonces él no es el propietario y nadie más lo es. El fiduciario es un administrador, no un propietario.

Similar lógica adopta la Chequia cuyo Código Civil se inspiró en los artículos 1260 a 1298 del Código Civil de Quebec, por lo que el fideicomiso es un *patrimonio autónomo* administrado por un fiduciario que no es propiedad ni del fiduciario (un mero administrador), ni del fiduciante ni de los beneficiarios.

Es lógico que ante el *numerus clausus* que rige los derechos reales, si se desea que el fiduciario sea el propietario pero no con plenos derechos sino sólo para llevar a cabo el objetivo del fideicomiso, entonces la ley debe crear un nuevo tipo de derecho real. Y eso es lo que hizo el legislador mexicano, y luego todos los demás países que adoptaron el modelo actual de fideicomiso.

En virtud de lo dicho, sin una ley que incorpore al fideicomiso, las partes no podrían crear uno, porque ni un contrato ni un testamento puede crear un nuevo tipo de *jus in rem* y menos uno que implique un patrimonio autónomo. El fideicomiso en los países de derecho civil requiere una ley fiduciaria que cree la propiedad fiduciaria o el derecho de propiedad fiduciaria.

En resumen, aunque esta teoría fue receptada por la Provincia de Quebec y por Chequia en su legislación, y claramente supone un avance importante con respecto a las anteriores, lo cierto es que no describe el estatus jurídico del patrimonio fiduciario que es propiedad (en propiedad fiduciaria) del fiduciario bajo

---

mony, consisting of the property transferred in trust, constitutes a patrimony by appropriation, autonomous and distinct from that of the settlor, trustee or beneficiary and in which none of them has any real right."

los Derechos de los países de Latinoamérica y otros países en los cuales el fideicomiso no es un patrimonio sin dueño sino un patrimonio separado propiedad fiduciaria del fiduciario.

Finalmente, la mejor explicación de la naturaleza del fideicomiso es la de ser un patrimonio de afectación titularidad del fiduciario. Entendemos esta es la correcta explicación del fideicomiso actual en el Derecho Latinoamericano, y nos permitimos decir, de todos los fideicomisos modernos bajo el Derecho Civil con contadas excepciones. Se sigue la lógica de la transferencia de propiedad con un encargo creando un patrimonio separado, pero se rechaza la existencia de un patrimonio sin titular.

En este sentido, existen varios patrimonios en cabeza del fiduciario: el fiduciario tiene su patrimonio ordinario o *propio* (sobre el cual tiene libre disposición) y tantos patrimonios fiduciarios como fideicomisos administre (sobre los cuales debe cumplir el encargo y rendir cuentas). El fideicomiso es un patrimonio especial, sujeto a relaciones jurídicas activas y pasivas de contenido económico que constituyen una universalidad jurídica que pertenece a una misma persona y tiene un fin específico.

Reforzando lo dicho, un patrimonio fiduciario se diferencia del patrimonio ordinario (o propio o general o común) del fiduciario porque está bajo una instrucción determinada (el objetivo del fideicomiso expresado en el instrumento del fideicomiso) y debe usarse para ese propósito especial. Es decir, el patrimonio ordinario del fiduciario no está sujeto a ningún mandato. Por el contrario, cada patrimonio fiduciario está bajo una instrucción y es esta instrucción lo que lo diferencia del resto de los patrimonios. Este mandato es la clave para identificar y diferenciar los patrimonios fiduciarios.[43]

---

[43] La separación patrimonial que fue vista en el pasado con suma cautela (hasta se podrías decir con cierto horror) está siendo cada vez más adoptada y aceptada. Por ejemplo, en Francia por ley Nro. 2022-172 del 14 de febrero de 2022 en favor de la actividad profesional independiente establece una separación del patrimonio entre acti-

Tal como adelantamos, para que este patrimonio sea un *patrimonio separado*, esto es, que tenga su propio conjunto de acreedores y deudores, y no pueda ser agredido por los deudores y acreedores de otros participantes (en particular del fiduciario que es el titular de los bienes) es condición esencial que una ley así lo establezca. Es decir, no basta con referirse a un fin especial para que se le dé un tratamiento jurídico distinto a un conjunto de bienes y deudas, esto sólo puede darse si dicho patrimonio separado está previsto por la ley. En otras palabras, la voluntad de las partes no puede generarlo en un contrato o un testamento si así no está dispuesto en la ley.

En las legislaciones de diferentes países de América que adoptaron el fideicomiso se los ha denominado de diferentes maneras, por ejemplo, en México y Honduras se utiliza la terminología de "bienes afectos", y en Colombia y Costa Rica utilizan la denominación de patrimonios separados o autónomos. Con respecto a las distintas denominaciones utilizadas por la doctrina y legislaciones para referirse al patrimonio fideicomitido, se suele

---

vos destinados a la actividad profesional y activos no afectados a la misma. François Barrière explica que "*en 2010, la ley francesa introdujo el EIRL (empresario individual de responsabilidad limitada), que es un patrimonio que posee un empresario dedicado a su actividad profesional, además de su patrimonio "personal". La razón principal de tal promulgación fue proteger a los empresarios únicos ("commerçant, artesano, agricultor"), y más precisamente, garantizar cierta protección al patrimonio personal de dichos empresarios únicos, evitando a los acreedores cuyo reclamo surgió en relación con el negocio. del empresario no podría ser utilizado para confiscar sus activos "personales". La EIRL, al igual que la fiducia francesa, rompe la unidad de la doctrina del patrimonio, ya que una persona puede tener más de un patrimonio, su patrimonio "personal" y su patrimonio "profesional*"." Barrière, F. (2020) "Experiencias de Derecho Comparado. Vehículos de propósito especial (SPV) franceses vs. Unidad de patrimonio: EIRL y Fiducie como patrimonios dedicados", en: Martín Santisteban, S. (Coordinadora)., *Los Patrimonios de Afectación Como Instrumento de Gestión y Transmisión de Riqueza,* Tirant Lo Blanch (TOL 7.941.964).

utilizar los términos patrimonios "autónomos", "de destino", "separados", "de afectación", sin mayores distinciones.

Esta teoría (el patrimonio de afectación de propiedad fiduciaria del fiduciario), resultado de la evolución de las teorías descritas anteriormente, es la adoptada por la mayoría de los estudiosos para explicar el concepto de fideicomiso y la que mejor se adapta al fideicomiso en América Latina. Y tal como veremos, está en línea con los conceptos de fideicomiso del *Common Law* y la Convención de La Haya.

En esta línea, Kenneth G.C. Reid, refiriéndose al Derecho de Escocia, en el resumen de su trabajo explica que: "*Si bien la distinción entre propiedad legal y en equidad es de importancia central para el desarrollo histórico del fideicomiso en Inglaterra, la idea de fideicomiso no depende de tal distinción. En los sistemas jurídicos mixtos, de los que Escocia es un ejemplo, existe una doctrina de fideicomiso plenamente desarrollada, pero no una doctrina correspondiente de equidad. Esto sugiere que la equidad no es, después de todo, la principal característica organizativa del derecho de los fideicomisos* (...) *la característica fundamental del fideicomiso no es la doble propiedad, sino el doble patrimonio. En el caso normal una sola persona tiene un solo patrimonio. Pero en un fideicomiso hay dos patrimonios, porque, además de su patrimonio privado, el fiduciario posee un patrimonio fiduciario que consiste en todos los activos y pasivos del fideicomiso.*"[44]

En conclusión, la concepción prevalente en Latinoamérica, y en otros países del Derecho Civil y hasta jurisdicciones mixtas, es que el fideicomiso es un patrimonio separado de propiedad del fiduciario sujeto un mandato o encargo expresados en el contrato de fideicomiso o en un testamento.

---

44 Reid. K.G.C. (2000) "Patrimony Not Equity: the trust in Scotland", 8, European Review of Private Law, Issue 3, 427-437.

Capítulo IV: La incorporación del trust en jurisdicciones del Derecho Civil o mixtas

En el presente capítulo veremos como varias jurisdicciones de tradición de derecho civil o mixto, de Estados Unidos, Canadá, Europa y del lejano oriente, incluyeron al fideicomiso inspirándose en el *trust.*

1. EN ESTADOS UNIDOS Y CANADÁ

Habiendo ya comentado el caso de la Provincia de Quebec en Canadá en el capítulo anterior que prevé en su Código Civil el patrimonio de afectación sin dueño, en este apartado comentaremos el caso del Estado de Luisiana en los Estados Unidos.

Estado de Luisiana (Estados Unidos)

Un caso particular a destacarse en los Estados Unidos es el del Estado de Luisiana, que es de tradición de Derecho Civil. De hecho, es el único Estado en los Estados Unidos que tiene legítima a favor de los herederos. Este Estado sí tiene regulación del fideicomiso, con base en un código que está vigente desde 1964, el *Louisiana Trust Code.* Este Código define al *trust* como "*la relación resultante de la transferencia del título de propiedad a una persona para ser administrada por ella como fiduciario en beneficio de otra.*" Y luego claramente explica que los *trusts* pueden ser creados por instrumento entre vivos o por testamento.

La normativa de este Estado ha dado lugar a una amplia comparación entre el *trust* de las jurisdicciones del *Common Law* presente en la inmensa mayoría de los Estados de Estados Unidos, y este fideicomiso propio de la tradición de Derecho Civil. Dos conclusiones suelen destacarse de este comparativo, y se presentan más como aspectos procesales que sustanciales. Estas son: (i) las demandas contra un fiduciario en Luisiana serían de cumplimiento de contrato y no una demanda por equidad. Sin embargo, dado que bajo la ley de Luisiana, como bajo tantas leyes del derecho civil, el fiduciario tiene obligaciones similares a las del *Common Law*, esto es: actuar de buena fe, rendir cuenta, actuar como buen hombre de familia, etc., esta diferencia se termina difumando; y (ii) en Luisiana, como en la mayoría de las jurisdicciones del sistema del derecho civil, no existen los *constructive* o *resulting trusts*. Esto es, los fideicomisos deben ser creados expresamente (*express trusts*) por un contrato o un testamento, y no puede interpretarse que resultan de las circunstancias como un remedio a una situación jurídica. Volvemos sobre este punto al comparar el *trust* y el fideicomiso.

2. EN EUROPA

Habiendo ya comentado los casos de Italia y Francia en capítulos anteriores, en este apartado veremos los casos de Hungría y Chequia.[45]

Hungría

El actual Código Civil de Hungría entró en vigencia en marzo de 2014, y junto con la Ley XV de 2014 sobre Fiduciarios y el Decreto Nro. 87/2014 regulan el contrato de gestión de activos fiduciarios.

---

45 Cabe destacar que existen más jurisdicciones que han adoptado el fideicomiso como, por ejemplo, Luxemburgo y San Marino.

Al igual que en Francia, el legislador vio la necesidad de incorporar la figura para el mejor desarrollo de la economía, dado que los habitantes de Hungría recurrían a la legislación de terceros países para la estructuración de sus negocios. Los modelos fueron el *trust* inglés y el *treuhand* alemán. Dada la calidad de jurisdicción del derecho civil, el fideicomiso nace a partir de un contrato que transfiere bienes para afectarlos a un patrimonio especial.

Cabe destacar que Hungría tomó la misma solución que varios países latinoamericanos en relación con quién puede ser fiduciario. Esto es, cualquier persona puede ser fiduciaria de un fideicomiso, pero la actividad profesional sólo es posible previa autorización. En este caso, el límite entre uno y otro es de tan sólo un fideicomiso, quien desee ser fiduciario de más de un fideicomiso necesitará de la autorización del Banco Nacional de Hungría, y deberá ser una sociedad con responsabilidad limitada, una sucursal de una empresa europea o un estudio de abogados.

Chequia

Algo ya mencionamos en relación con Chequia al tratar la adaptación del *trust* al derecho civil. Junto con Quebec, entienden al fideicomiso como un patrimonio sin dueño. También Chequia tiene un Código Civil que entró en vigencia en 2014. Este Código se hizo eco de la necesidad del fideicomiso y creo un fideicomiso inspirado en el Código Civil de Quebec ya comentado. La normativa expresamente prevé que el fideicomiso tenga por objeto la preservación y planificación patrimonial, un fideicomiso de caridad, como también una finalidad de desarrollar un negocio en relación con cierto proyecto con fines de lucro.

Cabe destacar que si bien el Código Civil de Quebec fue indiscutible fuente inspiradora del legislador Checo, existió una adaptación que incluyó la necesidad de un documento formal de creación del fideicomiso y su registro. Pero la conceptualización básica de un patrimonio sin dueño, se mantiene. Lo dicho conlleva que Quebec y Chequia tienen un modelo conceptual diferente al resto del países del derecho civil que adoptaron el fideicomiso.

3. EN ASIA

En el caso de Asia, sin perjuicio de que hay más países que adoptaron el fideicomiso, destacamos los casos de China, Japón y Corea del Sur. El primer punto a resaltar es la disparidad de los momentos de adopción de la figura. Japón lo hizo en 1922 (incluso antes que la primera ley panameña y antes de la primera ley de México), mientras que China lo hizo en 2001, luego que la mayoría de los países de Latinoamérica ya lo habían adoptado.

El punto medular de presentar esta adaptación del *trust* a la tradición del derecho civil en Asia, es mostrar como en forma totalmente independiente de lo ocurrido en Latinoamérica, existió exactamente el mismo proceso lógico, y se llegó a resultados sorprendentemente análogos.[46]

Presentamos las tres jurisdicciones mencionadas, en el orden de incorporación de la ley de fideicomiso a su normativa.

Japón

Japón es una de las primeras jurisdicciones de derecho civil que introdujo una ley de fideicomisos en el mundo. Su primer antecedente fue la Ley de Fideicomisos de Bonos Garantizados de 1905 que permitió garantizar bonos emitidos por Japón en el mercado de Londres, y dio lugar a la creación de la Tokyo Trust

---

46 Para una excelente explicación de este proceso, nos remitimos al trabajo del profesor de Derecho de la Universidad de Seul, Wu, Y.C. (2020) "Trusts Reimagined: The Transplantation and Evolution of Trust Law in Northeast Asia", *The American Journal of Comparative Law,* Volume 68, Issue 2, 441–467.

Company ese mismo año, Asimismo, luego dio lugar a compañías similares. Pero no proveyó de un marco legal general al fideicomiso. El primer régimen legal fue la Ley de Fideicomisos de 1922 que incorporaba al fideicomiso, con base en el *trust.* Esta norma fue reemplazada en 2006.

Ying-Chieh Wu explica que la ley de 1922 "*tenía como objetivo (i) proporcionar algunas regulaciones básicas que no estaban incluidos en la Ley de Fideicomisos de Bonos Garantizados de 1905 y, lo que es más importante, (ii) mejorar el uso de los fideicomisos, considerados un instrumento útil para dinamizar el mercado financiero local. Si bien se hizo referencia a la Ley de Fideicomisos de la India y al Código Civil de California, inglés y la jurisprudencia angloamericana fue el material más importante utilizado por el legislador. La promulgación de la Ley de Fideicomiso de 1922 marcó el verdadero nacimiento de las leyes de fideicomisos japonesas y de Asia oriental. Entre los años 1950 y 2000, la economía japonesa experimentó crecimiento significativo y la riqueza del pueblo japonés aumentó sustancialmente. Esta acumulación de riqueza impulsó la demanda de inversión financiera y planificación patrimonial. El gobierno japonés finalmente buscó modernizar su ley de fideicomisos, ya que (i) los fideicomisos eran una herramienta útil crear fondos de inversión de pequeña escala; (ii) los litigios habían aumentado por el creciente número de disputas relativas a fideicomisos; (iii) la Ley de Fiduciarios de 1925 en Inglaterra y el Código Uniforme de Fideicomisos en Estados Unidos fueron actualizados en el año 2000; y (iv) el nacimiento de los principios del derecho fiduciario europeo habían demostrado la importancia internacional del fideicomiso, lo que confirma la necesidad de Japón de evitar quedarse atrás en el desarrollo mundial de fideicomisos. Esta modernización se produjo en 2006 en virtud de la nueva Ley de Fideicomisos, que reemplazó a la Ley de Fideicomisos de 1922. En la nueva ley no sólo se cambiaron algunas reglas, también se implementaron algunas técnicas novedosas. El resultado es que la Ley de Fideicomisos Japonesa, creada originalmente en 1922, se ha actuali-*

zado en gran medida y se espera que sirva más funciones y facilitar los negocios fiduciarios en Japón en el nuevo milenio."[47]

Para incorporar, o como tan elegantemente dice Ying-Chieh Wu, para *re-imaginar* el *trust*, Japón, como cualquier otra jurisdicción de derecho civil que incorpore al fideicomiso, necesitó de una ley que previó la creación de la propiedad fiduciaria, a la independencia del nuevo patrimonio fiduciario, y las obligaciones del fiduciario. En esta línea Masayuki Tamaruya explica que "*la Ley de 1922 garantizó la independencia de los bienes fiduciarios al introducir disposiciones que tratan los ingresos adquiridos por el fiduciario a través de una disposición indebida, dañando o destruyendo el fondo fiduciario (...); aíslan los activos fiduciarios de los acreedores, herederos y síndicos de quiebra del fiduciario; y otorgan al beneficiario el derecho de rescindir la transacción que el fiduciario celebró con un tercero en violación del fideicomiso.*"[48]

En Japón, al igual que ocurrió en otras jurisdicciones del derecho civil que adoptaron el fideicomiso, el mismo se utilizó con fines comerciales, siendo los fiduciarios entidades financieras. Fue muy posteriormente, que creció el interés del fideicomiso como forma de gestión de activos y planificación sucesoria. Insistimos, una evolución que se puede ver en otros países del derecho civil, esto es, un uso más comercial que de gestión de activos y planificación sucesoria.

Tal como explican Lusina Ho y Rebecca Lee: "*En Asia, la utilidad del fideicomiso en el entorno empresarial moderno impulsó a las jurisdicciones de derecho civil, con Japón como pionero, a introducirlo en sus legislaciones nacionales ya en la década de 1920. Sin embargo, el proceso no fue rápido. Por un lado, existían dificultades conceptuales para comprender la natu-*

---

47 Wu, Y.C. (2020) "Trusts Reimagined: The Transplantation and Evolution of Trust Law in Northeast Asia", *The American Journal of Comparative Law,* Volume 68, Issue 2, 441–467.

48 Tamaruya, M., (2024) "Trust Law and Colonialism", en: Adam S. Hofri-Winogradow et al eds, The Oxford Handbook of Comparative Trust Laws (forthcoming), Disponible en SSRN: https://ssrn.com/abstract=4943273 y http://dx.doi.org/10.2139/ssrn.4943273

raleza del fideicomiso desde la perspectiva del derecho civil y para integrarlo en los conceptos del derecho civil autóctono. Por otro lado, también surgían preocupaciones prácticas derivadas de su uso, como el temor a la evasión fiscal. Por último, pero no menos importante, se añadieron dificultades debido a las barreras lingüísticas para comprender la documentación pertinente en inglés en un área del derecho que se deriva principalmente de decisiones judiciales. No obstante, casi un siglo después de la innovación japonesa de 1922, la mayoría de las jurisdicciones de derecho civil en Asia Oriental han promulgado algún tipo de ley de fideicomiso. Se han escrito numerosos libros sobre las leyes fiduciarias nacionales de muchas jurisdicciones de derecho civil en Asia, y se ha realizado mucha investigación en estas jurisdicciones sobre la mejor manera de abordar esta novedosa institución."[49]

En síntesis, tal como adelantáramos, en Japón, el país en las antípodas de Sudamérica, el proceso fue análogo al incorporar el *trust* en un país de tradición de derecho civil, pero fue perfectamente posible, siendo una experiencia muy exitosa. Pero más importante, llevó a su difusión a otros países de Asia.

Corea del Sur

Corea del Sur es una jurisdicción de derecho civil, cuyo código civil, promulgado en 1958 y vigente desde 1960, se inspiró en el Código Civil alemán. Sin embargo, la inspiración para las instituciones comerciales y financieras fueron las jurisdicciones del *Common Law*. La primera ley de fideicomiso de Corea es de 1961, la misma tuvo como fuente la ley japonesa de fideicomiso de 1922, que tal como ya explicamos tomó el modelo del *trust*. Esta ley fue reformulada en 2011.[50]

---

49 Ho L, Lee R, eds. (2013) *Trust Law in Asian Civil Law Jurisdictions: A Comparative Analysis.* Cambridge University Press; pág. xxix.

50 La traducción oficial al inglés disponible en: https://elaw.klri.re.kr/eng_mobile/viewer.do?hseq=46757&type=part&key=8. Visitado el 16 de octubre de 2025.

Corea enfrentó exactamente los mismos retos que los otros países de tradición de derecho civil, mostrando una vez más la situación análoga que se vive en todas estas jurisdicciones sin importar lo lejos que estén geográfica y culturalmente. Mostrándose evidente la necesidad de una ley para crear la propiedad fiduciaria y la necesidad de catalogar los derechos de los beneficiarios. En esta línea Ying-Chieh Wu explica que en el Derecho coreano la regla es el *numerus clausus* y, por ende, los derechos reales sólo son los regulados por ley, pero eso no significa que no puedan ampliarse. La pregunta que se hace el autor es si es posible agregar a la lista de derechos reales el derecho del beneficiario, y responde por la negativa. Explicando que por ello la normativa coreana ha caracterizado expresamente a estos derechos como personales y no reales.[51] Tema sobre el cual volvemos más adelante al analizar el derecho del beneficiario en un fideicomiso.

República Popular de China

El actual régimen fiduciario, la Ley de Fideicomisos de China, fue promulgado el de 28 de abril de 2001, entrando en vigencia el 1ro de octubre de 2001.[52] En su artículo 1ero dispone que el objeto de la ley es regular es fideicomiso y proteger los derechos e intereses legítimos de las partes involucradas. Posteriormente, se regularon los fideicomisos comerciales y de inversión, incluyendo regulaciones de las sociedades fiduciarias y los esquemas fiduciarios de fondos de inversión, fondos de pensión y titulización de activos.

---

51 Wu, Y.C., "Trusts in South Korea: Towards an Independent Fund Mechanism", en: Asia-Pacific Trusts Law, Volume 2. Editado por: Ying Khai Liew y Ying-Chieh Wu, 319–320.

52 Zuzanna Kopania e Igor Szpotakowski explican que: "*El Derecho Chino es del Derecho Civil con características chinas*". Los autores proveen de un muy claro y útil resumen de la historia del Derecho Chino, Kopania, Z. e Szpotakowski, I. (2020) *Chinese Law Research Guide*, ArchaeGraph, pág. 24.

Rebeca Lee explica que "*los propósitos fundamentales de la ley eran: "regular las actividades económicas relacionadas con los fideicomisos que ya existían y responder a la creciente demanda de aplicar el fideicomiso en la gestión de activos, planificación financiera y actividades caritativas. El trabajo de redacción comenzó ya en 1993, pero el proceso tomó más de lo esperado debido a la falta de experiencia técnica y desacuerdos sobre si las sociedades fiduciarias y de inversión (TIC) debían ser reguladas. Sin embargo, el colapso de una de las mayores TIC, el Guangdong International Trust and Investment Corporation (GITIC) en 1998 y la adhesión de China a la Organización Mundial del Comercio en 2001, proporcionó un nuevo impulso. Los legisladores esperaban que la Ley de Fideicomisos promovería la gestión profesional de activos y, en última instancia, modernizaría la economía de China y la infraestructura financiera y proporcionara una plataforma para un mayor desarrollo del sector privado en China.*"[53]

La normativa de fideicomiso ya ha sido objeto de sentencias judiciales en China, y es objeto de un intenso análisis doctrinario que va dando formar a una figura legal muy utilizada.[54] En

---

53 Lee, R. (2009) *Conceptualizing the Chinese Trust,* ICLQ vol 58, 655–669.

54 Para un análisis de este punto se puede ver: Ho, L. (2012) "Trust laws in China: History, ambiguity and beneficiary's rights", In Smith, L (Ed.), *Re-imagining the Trust: Trusts in Civil Law,* p. 183-221. Cambridge; New York: Cambridge University Press.
También se puede ver: Reid, K.G.C. (2011) 'Conceptualising the Chinese Trust: Some Thoughts from Europe' University of Edinburgh, School of Law, Working Papers, SSRN. https://doi.org/10.2139/ssrn.1763826. En este muy interesante trabajo el autor analiza las diferencias del modelo chino con respecto al resto de los países de tradición de derecho civil que adoptaron el fideicomiso.
Para un comparativo entre Japón, Italia y China en materia de fideicomiso y protección de la legitima ver: Tamaruya, M. (2023) The Comparative Law of Trusts and Succession: Italy, Japan, and Beyond Publicado originalmente en italiano en: Tamaruya M (2003) Il diritto comparato dei trust e delle successioni: Italia, Giappone e oltre in Annuario di Diritto Comparato 2023. Disponible en: SSRN: https://ssrn.com/abstract=4943289 y http://dx.doi.org/10.2139/ssrn.4943289

otras palabras, la incorporación del fideicomiso ha sido exitosa y se ha mostrado muy útil.

4. LA ENSEÑANZA DE LA EXPERIENCIA INTERNACIONAL

Las dos obvias conclusiones a las que se llega luego de ver la adopción del fideicomiso por una amplia variedad de jurisdicciones de tradición de derecho civil -más todas las del *Common Law*-, son (i) la utilidad de la figura, y (ii) la indiscutible factibilidad de ser incorporada en una jurisdicción de Derecho Civil como España. Sólo por tomar un ejemplo, si Francia que fue el país de origen del Código Napoleónico que difundió la prohibición de la sustitución fideicomisaria y el fideicomiso en la Edad Media, ha cambiado y adoptado al fideicomiso, este cambio radical de visión, claramente es muestra de la nueva comprensión y necesidad de la figura que nos ocupa.

Recapitulando, hemos visto el largo recorrido del fideicomiso desde los orígenes en el Derecho Romano, la creación del *trust* moderno en el Derecho inglés, su paso al Derecho estadounidense, y de allí la incorporación del fideicomiso en la casi totalidad de los países de Latinoamérica, de países de Europa y del lejano oriente. Corresponde ahora, en la segunda parte de esta obra explicar, los conceptos fundamentales, la comparación entre el *trust* y el fideicomiso, y ver sus participantes, dinámica y aplicación práctica en diferentes clases de fideicomisos.

SEGUNDA PARTE: CONCEPTOS FUNDAMENTALES, DINÁMICA DEL FIDEICOMISO Y CLASES DE FIDEICOMISOS

Capítulo V.
Fideicomiso y Trust

En el presente capítulo veremos qué es un fideicomiso, la definición de *trust* según la doctrina inglesa, la estadounidense y el *Uniform Commercial Code*, nos detendremos en la Convención de La Haya, y finalmente, compararemos el fideicomiso con el *trust* del *Common Law* mostrando sus puntos en común y diferencias.

1. CONCEPTO DE FIDEICOMISO

El fideicomiso es un patrimonio separado destinado a cumplir un encargo. Si bien esta definición se apoya en las legislaciones, jurisprudencia y doctrina latinoamericana, tal como hemos explicado el patrimonio de afectación como concepto medular no es exclusivo de esta región sino que ha sido el concepto adoptado por varios otros países incluyendo aquellos del lejano oriente. Cabe volver a citar a Kenneth G. C. Reid, profesor de la Universidad de Edimburgo, quien explica que: "*En el análisis más difundido en Escocia, la separación de activos y pasivos – o de "patrimonios"- es vista como la idea central de toda la ley de fideicomisos*" y que "*Escocia tiene trust sin equity. Lo mismo se aplica para los otros sistemas mixtos* [de *common law* y *civil law*] *tanto como el creciente número de países de tradición de derecho civil que eligieron adoptar el fideicomiso. En Escocia, el rol central del patrimonio* [separado] *para explicar el fideicomiso ha sido aceptado por los doctrinarios, la Comisión Escocesa de redacción de la ley de fideicomiso, y, cada vez más, por los tribunales.*"[55]

---

[55] Reid, K. G. C. (2015) "*Patrimony not Equity: The Trust in Scotland*", en: "Trusts and Patrimonies", editado por Remus Valsan, Edinburgh University Press, 110 y sgts.

La constitución del fideicomiso puede ser: (i) por contrato, al que denominaremos contrato de fideicomiso; (ii) por testamento; o (iii) por una declaración unilateral de voluntad de constituir un fideicomiso en beneficio de un tercero. En este último caso, una persona declara que a partir de ese momento un bien que era de su propiedad pasa a estar bajo propiedad fiduciaria en favor de un tercero beneficiario. De las tres formas de constituir un fideicomiso, en esta obra trataremos el contrato de fideicomiso y el testamento, porque si bien la constitución de fideicomiso por acto unilateral es posible, es la más restringida, menos utilizada y la más lejana a la práctica en los países de tradición de derecho civil. Se puede decir que el fideicomiso por acto unilateral sólo es posible en algunos países latinoamericanos, bajo ciertas condiciones muy especiales y para fideicomisos de titulización.

Cabe reiterar que un patrimonio fiduciario se distingue de otro patrimonio fiduciario y del patrimonio "propio" del fiduciario, por la sujeción del mismo a un determinado mandato fiduciario. En otras palabras, el patrimonio "propio" u ordinario no se encuentra sujeto a ningún encargo o mandato fiduciario, y cada patrimonio fiduciario se encuentra sujeto a un encargo en particular que lo distingue de los demás patrimonios. Este encargo o mandato es el elemento cable para identificar y diferenciar patrimonios.

En síntesis, el fideicomiso permite la creación de patrimonios de afectación separados por voluntad de una parte (testamento) o varias partes (contrato de fideicomiso). En consecuencia, cabe reiterar que un fiduciario tendrá un patrimonio "ordinario" (esto es, su patrimonio del cual puede disfrutar y con el cual responde por sus deudas) y tantos patrimonios fiduciarios como fideicomisos administre. Por su parte, los patrimonios fiduciarios se distinguirán entre ellos por la existencia de diferentes mandatos o instrucciones vinculados a los mismos.

Se desprende de lo dicho, que para que haya fideicomiso es requisito indispensable que existan bienes cuya propiedad se transfiera creando un patrimonio separado para cumplir un fin determinado. En otras palabras, debe existir, al menos: (i) un bien; (ii) un encargo, instrucción o mandato fiduciario; y (iii) el acto de creación de un patrimonio separado. Lo dicho diferencia al fideicomiso de los meros "negocios fiduciarios" o "encargo de confianza" en los cuales se transfiere un bien y se solicita a un tercero que haga algo con el mismo, pero no se crea un patrimonio separado. Lo dicho incluye desde los mandatos con transferencia de activos, los negocios en comisión, los negocios indirectos, y otros similares. Destacamos que dado que en el Derecho español la distinción entre sustitución fideicomisaria y fideicomiso es especialmente relevante, en el capítulo de fideicomiso testamentario nos enfocaremos en ese tema.

Con el fin de evitar toda duda, se destaca que el fideicomiso no es un sujeto de derecho, sino un patrimonio segregado que es propiedad y debe ser administrado de acuerdo al mandato fiduciario por un sujeto de derecho, el fiduciario. Cabe mencionar que el único país en el cual el fideicomiso tiene personería jurídica es el Ecuador, pero no sólo no existe esta situación en otras jurisdicciones, sino que incluso en el Ecuador esta es una personería jurídica especial. Asimismo, aclaramos que no estamos frente a un patrimonio "sin dueño", sino que es un patrimonio titularidad del fiduciario, quien tiene su patrimonio "propio" u "ordinario" y tantos patrimonios fiduciarios como encargos haya aceptado.

Esta definición comprende toda clase de fideicomiso, incluyendo: (i) fideicomisos con fines comerciales, por ejemplo, para desarrollar un proyecto inmobiliario; (ii) fideicomisos de fines particulares, en que un padre constituye un fideicomiso para beneficio de sus hijos; (iii) de caridad, aportes para el beneficio de terceros que cumplan cierta condición, por ejemplo necesitar una beca de estudios; (iv) fideicomiso de garantía, con aportes del deudor o un tercero al fideicomiso para garantizar una operación financiera; entre otros.

Un ejemplo de fideicomiso con *animus donandi*, sería el siguiente: un propietario de un inmueble desea beneficiar a otras personas, por ejemplo, sus hijos, pero sin transferirle los bienes directamente, porque digamos que son menores de edad, puede transmitir la propiedad fiduciaria del mismo a una persona de su confianza con el encargo fiduciario de alquilarlo y darle los frutos del alquiler a los beneficiarios por un plazo de 10 años. Al cumplirse el plazo estipulado el fiduciario deberá entregar el inmueble a los beneficiarios. En este ejemplo podemos observar el rol de: (i) el fiduciante que transmite la propiedad y formula el encargo fiduciario, esto es, determina el fin al cual se debe aplicar la misma; (ii) el fiduciario, que tiene la propiedad "formal" del bien pero debe aplicar los frutos a la finalidad determinada por el fiduciante, esto es, tiene la propiedad pero para cumplir con un fin; (iii) el beneficiario que goza de la "sustancia" o los aspectos económicos de los bienes fideicomitidos, y (iv) el fideicomisario que recibe la propiedad al finalizar el fideicomiso.

Un ejemplo de un fideicomiso para instrumentar transacciones comerciales sería el siguiente. Un conjunto de personas, desea realiza aportes para desarrollar un proyecto inmobiliario, y por cada aporte desea recibir una unidad específica. No es el caso que estas personas desean asociarse para desarrollar una actividad inmobiliaria a lo largo de un plazo indeterminado ni desarrollar múltiples proyectos, como sería el caso de socios de una sociedad desarrolladora, sino que lo que este conjunto de personas desea es aportar en un proyecto concreto y detallado. Es para ello que hacen aportes a un fideicomiso, con el encargo al fiduciario de desarrollar el proyecto descripto en el contrato, y atribuir en calidad de beneficiarios a los fiduciantes, una o varias unidades según se haya acordado. Como se puede apreciar en este caso, no existe *animus donandi* sino un ánimo de lucro, y el fideicomiso es el vehículo legal para el proyecto inmobiliario.

Cabe aclarar que se suele decir llamar al propio contrato de creación y regulación del fideicomiso, como "fideicomiso". En rigor de verdad, este punto no pasa de una aclaración gramatical, el fideicomiso es el patrimonio autónomo, el contrato que lo crea será un contrato de fideicomiso, y así nos referiremos en esta obra. Pero también es cierto que en un hablar coloquial se habla de fideicomiso no sólo para el patrimonio sino para el contrato.

Vemos una analogía del contrato de fideicomiso con el contrato de compra de inmueble. En ambos casos hay un contrato que transfiere la propiedad de un bien. Esto es, si el contrato cumple los requisitos necesarios, es apto para transferir la propiedad plena -contrato de compraventa- o la propiedad fiduciaria -contrato de fideicomiso- de una parte a la otra. Claro, la diferencia es que en la compraventa hay una contraprestación en dinero, y en el contrato fiduciario el fiduciante recibirá o no una contraprestación según sea un fideicomiso comercial o que tenga una finalidad de beneficiar a un tercero. En los ejemplos que hemos dado, es un fideicomiso es para beneficiar a los hijos, el fiduciante nada recibe, que no sea la alegría espiritual de ver que sus hijos se ven beneficiarios. En el fideicomiso comercial explicado, el aporte de fondos da lugar al derecho a recibir una unidad construida por el fideicomiso.

Si bien la propiedad fiduciaria se genera a partir de un contrato (o testamento), esto no quiere decir que la misma no esté regida (como cualquier otro derecho real) por normas de orden público sujetas al *numerus clausus.* Asimismo, tal como veremos más adelante, el contrato de fideicomiso está sujeto a una serie de requisitos y los fiduciarios tienen una serie de obligaciones que no pueden ser dejados de lado sin caer en la nulidad, sea de cierta cláusula o del total del contrato.

Finalmente, también hemos visto que se aplica el término "fideicomiso" a la propiedad fiduciaria en si misma, por ejemplo, el inmueble que es parte del patrimonio fiduciario. Para evitar confusiones no utilizaremos la expresión "fideicomiso" sino sólo para el patrimonio de afectación, y para los activos que lo integran hablaremos de activos subyacente, bienes fiduciarios o activos del fideicomiso.

2. DEFINICIÓN DE *TRUST* EN LOS ESTADOS UNIDOS

El *Black´s Law Dictionary* da varias definiciones de *trust* una de las cuales establece que un *trust* es "*cualquier arreglo en el cual se transfiere propiedad con la intención de que sea administrada por el fiduciario para el beneficio de un tercero*"[56] Esta definición tiene la lógica de que el fideicomiso no es visto por gran parte de los autores del *Common Law* como una institución del derecho de los contratos sino de la propiedad. Para luego a explicar que el *trust* puede ser creado por contrato, por testamento o por declaración unilateral. Hasta acá no habría mayor diferencia, dado que son todos *trusts* expresos. Pero el trust puede ser un *resulting* o *constructive trust,* esto es, que un Juez determine que dadas las características del caso, existe un *trust* que no fue creado por instrumento sino que está implícito. Sobre lo cual volvemos más adelante.

Bogert, luego de relativizar la importancia de una definición, dice que un *trust* puede ser definido como "*una relación fiduciaria en la cual una persona tiene propiedad, sujeta a una obligación de equidad de tener o usar es propiedad para el beneficio de otra persona*". Luego explica que la relación fiduciaria será explicada al tratar las obligaciones del fiduciario y como resultará de esta explicación se seguirá que "*una relación fiduciaria es la que la ley exige a una parte un standard inusualmente alto de conducta ética o moral con respecto a otra persona*".[57] Finalmente, Bogert[58] explica que tres son los elementos esenciales para que exista un *express* trust y estos son: (1) la expresión de la intención de que la propiedad sea tenida o utilidad en favor de una tercera persona, (2) la designación de un beneficiario, (3) y alguna propiedad existente o determinable.

---

[56] *Black´s Law Dictionary,* (1990) 6th Edition, West Group, 1508–1514.

[57] El tema de los *fiduciary duties* es objeto de una inmensa cantidad de doctrina y jurisprudencia de la Chancery Court de Delaware de la cual ya hemos hablado.

[58] *Bogert on Trusts,* (2007) 3era. Ed., Thomson West, Primer Tomo, Secciones 1 a 46, 1–10.

Bajo el Derecho Inglés, Lord Langdale[59] estableció en 1840 en el caso "*Knight v Knight*" (49 ER 58) el test de las tres certezas. Para que exista un *trust* debe haber estas tres certezas: (i) Certeza de Intención (en inglés, *Certainty of intention*): tiene que existir una intención de crear un *trust;* (ii) Certeza del bien aportado al *trust* (*Certainty of subject matter*): se debe poder determinar sobre qué bienes se constituye un *trust*; y (iii) Certeza de los Beneficiarios (*Certainty of objects*): se debe poder determinar a quién beneficia el *trust*, pudiendo ser un grupo indeterminado si es un fideicomiso caritativo.

Tal como explicamos en la primera parte de esta obra, el *Uniform Trust Code* (UTC)[60] es una creación del *National Conference of Commissioners on Uniform State Law* que fuera adoptado como ley por la inmensa mayoría de los Estados de los Estados Unidos.[61] En los comentarios al *Uniform Trust Code* se explica que: "*La Restatement (Second) of Trusts fue aprobada por el American Law Institute en 1957. El trabajo sobre la Restatement Third comenzó a finales de los años 1980. La parte de Restatement Third relacionada con la regla del inversionista prudente y otros temas de inversión se completó y aprobó en 1990. En 1996 se aprobó un borrador tentativo de la parte de Restatement Third relacionada con las reglas sobre la creación y validez de fideicomisos, y la parte relacionados con el cargo de fideicomisario, los fines del fideicomiso, las disposiciones derrochadoras y los derechos de*

---

59 Henry Bickersteth, 1er Baron de Langdale, miembro del *Privy Concil* (el cual ya explicamos), nacido el 18 de Junio de 1783 y fallecido el 18 de Abril de 1851.

60 El *Uniform Trust Code* fue aprobado en 2000 y modificado en 2001, 2003, 2004, 2005, 2010, y 2018. A su vez, los comentarios fueron actualizados en 2020 y 2023. En esta obra nos referimos a la versión comentada del 27 de abril de 2023.

61 La lista de Estados que adoptaron el *Uniform Trust Code*, en qué año y el número de ley estadual, se puede consultar en https://www.uniformlaws.org/committees/community-home?communitykey=193ff839-7955-4846-8f3c-ce74ac23938d.

acreedores fue aprobado en 1999. El Uniform Trust Code fue redactado en estrecha coordinación con la redacción del Restatement Third."

Asimismo, dado que este modelo, que insistimos es norma vigente en la mayoría de los Estados, se nutrió del *Restament of Trusts* (hoy por su tercera edición) del *American Law Institute*, y de unos pocos códigos de *trust* preexistentes. En los comentarios al *Uniform Trust Code* se explica que: "*Si bien el Uniform Trust Code es la primera ley uniforme integral sobre el tema de los fideicomisos, en varios Estados ya están en vigor leyes integrales de fideicomisos. Ejemplos notables incluyen las leyes de California, Georgia, Indiana, Texas y Washington, a todos los cuales se hizo referencia en el proceso de redacción. El más influyente fue la ley de California de 1986, que se encuentra en la División 9 del Código Sucesorio de California (…), que fue utilizado por el Comité de Redacción como modelo inicial.*"

El *Uniform Trust Code*, se aplica sólo a fideicomisos expresos.[62] Lo que hace que sus regulaciones sean mucho más cercanas a las de los Derechos de tradición civil. Asimismo, se aclara que está dirigido principalmente a fideicomisos que surgen en una planificación patrimonial u otro contexto donativo. Sin embargo, no excluye a los fideicomisos comerciales explicando que los mismos "*se presentan en numerosas formas, incluidos fideicomisos creados de conformidad con una ley estatal de fideicomisos comerciales y fideicomisos creados para administrar fondos específicos, como pagar una pensión o gestionar inversiones mancomunadas. Los fideicomisos comerciales suelen estar sujetos a legislación y jurisprudencia de propósito especial, que en algunos aspectos desplazan las reglas habituales establecidas en este Código.*"

El *Uniform Trust Code* no incluye una definición de "*trust*" por lo que se debe estar a lo definido por la jurisprudencia del *Com-*

---

[62] Por ende, quedan excluidos los fideicomisos resultantes y constructivos, que no son fideicomisos expresos sino dispositivos correctivos impuestos por la ley (sobre lo cual reiteramos que volvemos más adelante al tratar la diferencia entre *trust* y fideicomiso).

mon Law. Pero sí varias definiciones que permiten construir una definición de *trust.* Cabe comenzar por la definición de instrumento del fideicomiso (*trust instrument*) que es definido como "*un instrumento firmado por el fideicomitente que contiene los términos del fideicomiso, incluidas sus modificaciones*". En otras palabras, un contrato o un testamento que crea y regula un *trust.* La pregunta que se impone es qué son los términos de un fideicomiso (*terms of the trust*), Según definición del *Uniform Trust Code,* significa o bien "*la manifestación de la intención del fideicomitente con respecto a las disposiciones de un fideicomiso como: (i) expresado en el instrumento de fideicomiso; o (ii) establecida por otras pruebas que serían admisibles en un proceso judicial; o (...) las disposiciones del fideicomiso, según lo establezcan, determinen o modifiquen: (i) un fideicomisario u otra persona de conformidad con la ley aplicable; o (ii) una orden judicial; o (iii) un acuerdo de solución no judicial*".

Asimismo, el *Uniform Trust Code* define al beneficiario como la persona que "*tiene un interés presente o futuro en el trust, sea que su derecho ya nació o es contingente, o que en una capacidad que no sea la de fiduciario tiene un derecho a nombrar quien administra la propiedad fiduciaria.*" Se define propiedad como "*cualquier cosa que pueda ser poseída, sea un derecho real o personal, por derecho o por equidad, o cualquier interés sobre la misma*". En los comentarios se aclara que se buscó la definición más amplia posible del término. Al *settlor* (fiduciante) se lo define como "*la persona, incluyendo un testador, que crea, o contribuye propiedad a un trust.*" Finalmente, en lo que hace al fiduciario, en las definiciones sólo se aclara que incluye "*al fiduciario original, a los que se sumen, a los que lo reemplacen y a los co-fiduciarios.*"

El *Uniform Trust Code* no dice literalmente que la propiedad fiduciaria es un patrimonio separado, pero sí incluye las disposiciones que así lo establecen. Por ejemplo, la Sección 507 dispone que la propiedad fiduciaria del fiduciario no estará sujeta a la acción de sus acreedores incluso en caso de insolvencia o quiebra. La Sección 810 establece que la propiedad fiduciaria debe estar separada de la propiedad propia del fiduciario y que se debe llevar adecuados registros.[63] La Sección 1010 establece que salvo expresa disposición en contrario, si el fiduciario aclaró que actuaba en su rol de tal, no responde con sus bienes propios por las obligaciones del fideicomiso, y también provee que el fiduciario responderá con respecto a daños a terceros por bienes fiduciarios (incluyendo responsabilidad ambiental) sólo si existe una culpa personal del fiduciario.[64] Finalmente, la Sección 1011 amplia esta regla al caso de que el fiduciario

---

63 ARTÍCULO 810. MANTENIMIENTO DE REGISTROS E IDENTIFICACIÓN DE BIENES DEL FIDEICOMISO. (a) Un fiduciario mantendrá registros adecuados de la administración del fideicomiso. (b) Un fiduciario mantendrá los bienes del fideicomiso separados de los suyos propios. (c) Salvo que se disponga lo contrario en la subsección (d), un fiduciario hará que la propiedad del fideicomiso se designe de manera que el interés del fideicomiso, en la medida de lo posible, aparezca en los registros mantenidos por una parte que no sea un fiduciario o beneficiario. (d) Si el fiduciario mantiene registros que indiquen claramente los intereses respectivos, un fiduciario podrá invertir en su conjunto la propiedad de dos o más fideicomisos separados.

64 ARTÍCULO 1010. LIMITACIÓN DE LA RESPONSABILIDAD PERSONAL DEL FIDUCIARIO. (a) Salvo que se disponga lo contrario en el contrato, un fiduciario no es personalmente responsable de un contrato debidamente celebrado en calidad de fiduciario durante la administración del fideicomiso si el fiduciario en el contrato reveló su calidad de fiduciario. (b) Un fiduciario es personalmente responsable de los daños cometidos en el curso de la administración de un fideicomiso, o de las obligaciones que surgen de la propiedad o el control de la propiedad del fideicomiso, incluida la responsabilidad por la violación de la ley ambiental, sólo si el fiduciario es personalmente culpable. (c) Una reclamación basada en un contrato celebrado por un fiduciario en calidad de fiduciario, en una obligación que surge de la propiedad o control de la propiedad del fideicomiso, o en un agravio cometido en el curso de la administración de un fideicomiso, puede hacerse valer en un procedimiento judicial contra el fiduciario en su calidad de fiduciario, sea o no personalmente responsable del reclamo.

sea *general partner* de una *partnership* si aclaró que actuaba en su calidad de fiduciario y no título propio.[65]

En esta línea, cabe mencionar que en un *amicus curie* presentado por varios profesores de Derecho ante la Corte Suprema de los Estados Unidos en el caso "*North Carolina Department of Revenue, Petitioner v. The Kimberley Rice Kaestner 1992 Family Trust, Respondent, On Writ of Certiorari to the Supreme Court of North Carolina*" se explica en forma clara y sucinta que "*el título legal del fiduciario no le permite beneficiarse del corpus del fideicomiso. Por lo tanto, un fiduciario no puede utilizar los activos del fideicomiso para satisfacer obligaciones con sus acreedores. 76 am. Jur. 2d Trusts § 256 (que explica que "el interés de un fiduciario en la propiedad fiduciaria no está sujeto a responsabilidad por sus deudas y obligaciones privadas, a diferencia de las oficiales"); 90 C.J.S. Fideicomisos § 260 ("Un principio fundamental de la ley de fideicomisos es la protección del patrimonio del fideicomiso frente a los acreedores personales de un fiduciario"). Un*

---

65 ARTÍCULO 1011. INTERÉS COMO GENERAL PARTNER. (a) Salvo que se disponga lo contrario en la subsección (c) o a menos que se imponga responsabilidad personal en el contrato, un fiduciario que tiene un interés como general partner en una *general* o *limited partnership* no es personalmente responsable en un contrato celebrado por la sociedad. después de la adquisición del interés por parte del fideicomiso si la calidad de fiduciario fue revelada en el contrato o en una declaración presentada previamente (...). (b) Salvo que se disponga lo contrario en la subsección (c), un fiduciario que tenga un interés como *general partner* no es personalmente responsable de los daños cometidos por la sociedad o de las obligaciones que surjan de la propiedad o el control del interés, a menos que el fiduciario esté personalmente en falla. (c) La inmunidad prevista en esta sección no se aplica si un interés en la sociedad lo posee el fiduciario en una calidad distinta a la de fiduciario o si lo posee el cónyuge del fiduciario o uno o más de sus descendientes, hermanos o padres, o el cónyuge de cualquiera de ellos. (d) Si el fiduciario de un fideicomiso revocable tiene un interés como *general partner*, el fideicomitente es personalmente responsable de los contratos y otras obligaciones de la sociedad como si el fideicomitente fuera un *general partner*.

fideicomitente tampoco tiene estos derechos. A menos que lo permita expresamente la ley aplicable, los acreedores de un fideicomitente, al igual que los acreedores de un fiduciario, no pueden acceder a la propiedad fiduciaria (siempre que el fideicomitente no sea también un beneficiario)."

En síntesis, a partir de las definiciones y comentarios del *Uniform Trust Code*, habrá fideicomiso (expreso) para planificación patrimonial o con fines de comercial si una o varias personas llamadas *settlors* (fiduciantes o fideicomitentes) transfieren propiedad (en los términos más amplios del término) a otra persona, llamada *trustee* (fiduciario), con un encargo de que sea utilizada en favor de terceros, y que la propiedad transferida no sea parte de la propiedad ordinaria o propia del *trustee*.

Finalmente, análogo resultado se obtiene si se recurre a la doctrina inglesa. Por ejemplo, en *Lewin on Trusts*,[66] luego de explicar que no existe una definición definitiva y plenamente satisfactoria de fideicomiso, el mismo se caracteriza por lo siguiente: (i) El control y administración de los bienes fideicomitidos está separado de su disfrute y corresponde al fiduciario, quien no es agente de los beneficiarios ni del fideicomitente; (ii) Los beneficiarios tienen intereses sobre la propiedad del fideicomiso, concurrentes con la propiedad del fiduciario. Los intereses concurrentes de los beneficiarios prevalecen sobre los del fiduciario, y también sobre todos los demás que reclaman a través de los fiduciarios, incluidos sus acreedores y herederos, e incluso terceros, generalmente distintos de los compradores de buena fe de los bienes fiduciarios. En otras palabras, los acreedores y herederos del fiduciario no tienen derechos sobre los bienes del fideicomiso; (iii) La propiedad fiduciaria es un patrimonio separado, en el sentido de que los fiduciarios tienen el poder de vender sus partes constituyentes libres de los derechos de propiedad de los beneficiarios y reinvertir las ganancias en otros activos, que a partir de entonces automáticamente quedan

---

66 *Lewin on Trusts*, (2008), Sweet & Maxwell, 18ª ed., pág. 3.

sujetos a esos derechos.[67] Como se explicó, el fideicomiso es un patrimonio separado y si el fideicomisario vende cualquier activo del fideicomiso, los ingresos son parte de dicho patrimonio separado.

Teniendo una definición de *trust* basada en el *Uniform Trust Code* y doctrina inglesa de gran prestigio citada, cabe entonces analizar la Convención de la Haya, y luego sí realizar una comparación entre el *trust* del *Common Law* y el fideicomiso.

3. CONVENCIÓN DE LA HAYA SOBRE RECONOCIMIENTO DE *TRUSTS*

La Conferencia de La Haya de Derecho Internacional Privado (HCCH por su sigla en inglés) es una organización intergubernamental que genera y administra convenciones relativa al derecho internacional privado.[68] Nació en 1893 como una iniciativa privada, para unificar las normas del derecho internacional privado. En 1955 la HCCH redactó el Estatuto de la Conferencia de La Haya de Derecho Internacional Privado, que fue aprobado por los países firmantes y que entró en vigor el 15 de julio de 1955. España fue uno de los firmantes originales. La HCCH cuenta actualmente con 91 miembros, de los cuales 90 son Estados, incluyendo a España que es miembro desde 1955, y la Unión Europea. A lo dicho se suman 65 jurisdicciones que si bien no son miembros de la HCCH, sí han firmado, ratificado o adherido a uno o más Convenios de la HCCH o están en proceso de convertirse en miembros. Cabe destacar que a partir del 1ro de julio de 2024 el idioma español se unió al inglés y al francés, pasando a ser tres los idiomas oficiales de la HCCH. El tratado internacional elaborado por la HCCH más conocido es el referi-

67 *Lewin on Trusts,* (2008) Sweet & Maxwell, 18ª ed., págs. 14 y siguientes.

68 El listado de convención generadas y administradas por la HCCH se puede ver en: https://www.hcch.net/en/instruments/conventions.

do a la "Apostilla de La Haya", denominado formalmente "Convenio del 5 de octubre de 1961 por el que se abolió el requisito de legalización de los documentos públicos extranjeros" o por su forma abreviada "Convenio HCCH sobre Apostilla de 1961."

En lo que respecta a nuestro tema de interés, entre los Convenios redactados y administrados por la HCCH se destaca el Convenio de 1ro de julio de 1985 sobre la *ley aplicable a los fideicomisos y sobre su reconocimiento,* que entró en vigencia en enero de 1992.[69] En lo que hace a los países latinoamericanos, cabe destacar que si bien Argentina, Brasil, Chile, Ecuador, México, Panamá, Paraguay, Perú, Uruguay y Venezuela son miembros de la HCCH, de todos estos países sólo Panamá ha ratificado la Convención sobre reconocimiento de los *trusts.* La Convención está vigente para Australia, Canadá,[70] Chipre, Italia, Liechtenstein, Luxemburgo, Malta, Mónaco, Países Bajos, Panamá, Reino Unido, San Marino y Suiza. De los citados países, destacamos los casos de Italia y Suiza, que no tienen ley interna de fideicomiso, pero que fruto de la firma de esta Convención, y de regulaciones internas en materia fiscal, han desarrollado una práctica fiduciaria muy relevante.

El artículo 1ero de la Convención establece el objeto de la misma, diciendo que determina la ley aplicable a los fideicomisos, y regula su reconocimiento. Pero es el artículo 2 el que resulta más relevante para nuestro análisis, al definir al fideicomiso. Cabe aclarar que el artículo 3 dispone que la Convención se aplica al fideicomiso expreso por escrito (excluyendo los *constructive* o *resulting trusts*) por lo que cabe asumirse este aspecto fue considerado en la definición que se explica a continuación. El citado

---

69 La página de la HCCH cuenta con un listado de bibliografía sobre *trusts* y fideicomisos que puede ser consultado en: https://www.hcch.net/en/instruments/conventions/publications1/?dtid=1&cid=59

70 La Convención está vigente para Alberta, British Columbia, Manitoba, New Brunswick, Newfoundland, Nova Scotia, Prince Edward Island, and Saskatchewan, pero no para Ontario.

artículo 2 dispone que: "*Para los efectos de esta Convención, el término "fideicomiso" se refiere a las relaciones jurídicas creadas -entre vivos o en caso de muerte- por una persona, el fideicomitente, cuando los bienes han sido puestos bajo el control de un fiduciario en beneficio de un beneficiario o para un propósito específico. Un fideicomiso tiene las siguientes características: a) los activos constituyen un fondo separado y no forman parte del patrimonio propio del fiduciario; b) el título de los bienes del fideicomiso está a nombre del fiduciario o a nombre de otra persona en nombre del fiduciario; c) el fiduciario tiene el poder y el deber, respecto del cual es responsable, de administrar, emplear o disponer de los bienes de acuerdo con los términos del fideicomiso y los deberes especiales que le impone la ley. La reserva por parte del fideicomitente de ciertos derechos y poderes, y el hecho de que el fiduciario pueda tener derechos como beneficiario, no son necesariamente inconsistentes con la existencia de un fideicomiso.*"

Lo dicho se complementa con el artículo 11 de la Convención que dispone que el reconocimiento del fideicomiso: "... *implicará, como mínimo, que los bienes fideicomitidos constituyen un fondo separado, que el fiduciario podrá demandar y ser demandado en su calidad de fiduciario, y que podrá comparecer o actuar en esta calidad ante notario o cualquier persona que actúe en un cargo oficial. En la medida en que la ley aplicable al fideicomiso lo exija o disponga, dicho reconocimiento implicará, en particular: a) que los acreedores personales del fideicomisario no tendrán recurso contra los bienes del fideicomiso; b) que los bienes fiduciarios no formarán parte del patrimonio del fiduciario en caso de insolvencia o quiebra; c) que los bienes fideicomitidos no formarán parte del patrimonio matrimonial del fiduciario o de su cónyuge ni del patrimonio del fiduciario a su muerte; d) que los bienes fideicomitidos pueden ser recuperados cuando el fiduciario, en incumplimiento de confianza, ha mezclado bienes fiduciarios con bienes propios o ha enajenado bienes fiduciarios. Sin embargo, los derechos y obligaciones de cualquier tercero titular de los activos seguirán sujetos a la ley determinada por las normas de elección de ley del foro.*"

Dada la relevancia de las regulaciones de orden público, el artículo 15 establece el tema de las excepciones al reconocimiento que: "*El Convenio no impide la aplicación de las disposiciones de la ley designadas por las normas de conflicto del foro, en la medida en que dichas disposiciones no puedan ser derogadas por acto voluntario, en particular en relación con las siguientes materias: a) la protección de los menores y de los incapaces; b) los efectos personales y patrimoniales del matrimonio; c) los derechos sucesorios, testados e intestados, especialmente las partes irrenunciables de los cónyuges y parientes; d) la transferencia de títulos de propiedad y garantías reales sobre bienes; e) la protección de los acreedores en materia de insolvencia; f) la protección, en otros aspectos, de terceros que actúen de buena fe. Si el reconocimiento de un fideicomiso estuviera impedido (...) el tribunal intentará hacer efectivos los objetos del fideicomiso por otros medios.*"

Cabe destacar que esta Convención, que justamente ha buscado la coordinación del *trust* del *Common Law* y del fideicomiso del Derecho Civil, dispone que son elementos esenciales del *trust* y del fideicomiso, los siguientes: (i) que sea un patrimonio separado; (ii) los activos sean de titularidad del fiduciario; y (iii) el fiduciario tenga la facultad y el deber de administrar, emplear o disponer de los bienes de acuerdo con los términos del fideicomiso y los deberes especiales que le impone la ley.

Finalmente, destacamos la definición de fideicomiso, basada en la experiencia de la mayoría de los países del Derecho Civil que tienen fideicomiso, que utilizamos en esta obra, está perfectamente alineada con lo dispuesto por la Convención de La Haya.

4. COMPARACIÓN DEL FIDEICOMISO Y EL *TRUST*

Con base en lo ya explicado, entendemos que fideicomiso y *trust* son conceptos análogos. En otras palabras, comparten los elementos esenciales de que existe un patrimonio separado, y el mismo es titularidad del fiduciario pero se ejerce en beneficio de los beneficiarios según un encargo. Sin perjuicio de lo dicho, existen diferencias entre el fideicomiso del derecho civil y el *trust*, que cabe mencionar, y es en este apartado que veremos las mismas.

Express trust vs constructive o resulting trust

Si bien ya hemos mencionado este punto, cabe explicar el mismo en detalle dada su indiscutible relevancia. Los *trusts* se clasifican en expresos, por un lado, y resulting o constructive por el otro. Los trusts expresos son creados en forma expresa por un contrato o un testamento en el cual se plasma esta voluntad, de allí su nombre. Sin embargo, bajo el *Common Law* un *trust* puede ser *resulting* o *constructive.* Esto es, dadas ciertas circunstancias, como ser la transferencia de activos con intención de que los mismos sean aplicados a un fin en favor de un tercero, si bien no hay una voluntad expresa (sino sería un *express trust*) se entiendo que se quiso un *trust* (*constructive*) o se entiende que la relación resultó o terminó siendo (*resulting*) en un *trust.*

En otras palabras, si se cumple con la regla de las tres certezas: (i) *certainty of intention* o certeza de que existe la intención de crear un *trust*; (ii) *certainty of subject matter*, esto es, certeza sobre el objeto o bien sobre el cual se quiere crear el *trust;* y (iii) *certainty of objects,* certeza sobre quien se desea beneficiar (salvo *trust* de caridad), entonces habrá un *trust* incluso si no hay un documento escrito que expresamente lo cree, como sería un contrato o un testamento.

La diferencia entre los *resulting trusts* y los *constructive trust* es que los segundos son un remedio impuesto por un Juez en beneficio de una parte que incorrectamente fue privada de sus derechos por un tercero, que es declarado fiduciario, y por ende, le son aplicables las obligaciones propias de los fiduciarios.

Estos fideicomisos son vistos como excepcionales bajo el *Common Law,* y el derecho internacional en general. En este sentido, cabe destaca que el ya citado *Uniform Trust Code* de los Estados Unidos dice que se centra en los *express trusts,* y que la Convención de la Haya sólo trata los *express trusts* dado que La Convención de La Haya habla en su artículo 3 de fideicomisos "creados voluntariamente".

La inmensa mayoría de los derechos civiles establecen que para exista un fideicomiso el mismo debe ser creado expresamente (*express trusts*) por un contrato o un testamento, y no existe una práctica y regulación sobre los fideicomisos que resultan de las circunstancias como un remedio a una situación jurídica. Por ejemplo, en el Estado de Luisiana (tal como se mencionara al tratar esta jurisdicción), no existen los *constructive* o *resulting trusts.* Existen jurisdicciones que no sólo establecen que el fideicomiso debe ser expreso, sino que debe ser por escrito, aspecto sobre el cual volvemos en el próximo apartado. Se seguiría de lo dicho que un Juez no podría entender que existe un fideicomiso, esto es, "construir" un fideicomiso a partir de otros elementos que no sea la expresa voluntad del fiduciante. En esta lógica, Wu Ying-Chieh sostiene que "*los fideicomisos constructivos no pueden trasplantarse a las jurisdicciones de derecho civil.*" Y agrega que los casos deben ser resueltos con otros institutos de los derechos reales, de los contratos, el enriquecimiento injusto o la gestión de negocios.[71]

Sin embargo, y siempre entendiendo que estamos ante remedios excepcionales, no vemos un obstáculo insalvable si una vez incorporado el instituto del fideicomiso expreso a una jurisdicción, salvo que exista una prohibición en tal sentido, un Juez interprete que en rigor de verdad una parte era fiduciaria de un activo a favor de un beneficiario. De hecho, el Tribunal Supremo español ha considerado que ciertos casos encuadraban como negocios fiduciarios, lo que no es más que decir que de los hechos del caso el encuadre jurídico es de un esquema fiduciario.

En síntesis, existe una diferencia entre el *Common Law* que como regla general recepta el *resulting* y el *construtive trust,* esto es, no se limita al fideicomiso expreso, y las jurisdicciones del Derecho Civil que, como regla general, se limitan a un fideicomiso creado expresamente y por escrito, pero tal como explicamos no es una diferencia tajante.

---

71 Wu, Y.C. (2018) *Constructive trusts in the civil law tradition, Journal of Equity,* Volumen 12, Parte 3, pág. 319.

Fideicomiso por escrito vs. fideicomisos orales

Un segundo punto, es si un fideicomiso puede ser creado sin necesidad de instrumento escrito. Desde ya el caso se plantea cuando estamos frente a bienes que pueden ser transferidos por la mera entrega física de los mismos, por ejemplo, dinero en efectivo o joyas. Va de suyo que si estamos frente a un fideicomiso que involucra un inmueble la mera expresión verbal carecerá de todo efecto. El punto obvio en contra de admitir un fideicomiso que no sea por escrito, es su dificultad de prueba y la innumerable cantidad de casos en que será dudoso si existió una donación, una venta o se constituyó un fideicomiso. Si bien conceptualmente es un caso diferente al anterior (en que se analizamos si el fideicomiso debía ser por expresa voluntad o podría ser tácito), en la práctica está muy relacionado.[72]

Reiteramos lo ya dicho en el sentido de que múltiples jurisdicciones del derecho civil establecieron que el fideicomiso sólo puede ser expreso y por escrito, haciendo imposible la creación de un fideicomiso oralmente. Asimismo, si bien la creación de un *trust* oralmente sería posible en ciertas jurisdicciones, el mismo es visto con enorme disfavor por las razones ya explicadas. Como ejemplo cabe citar que el artículo 407 del *Uniform Trust Code,* intitulado "*Evidencia de Trust Oral*" que dispone que: "*Salvo que lo exija una ley distinta de este [Código], un fideicomiso no necesita ser probado por un instrumento de fideicomiso, pero la creación de un fideicomiso oral y sus términos sólo pueden establecerse mediante evidencia clara y convincente.*" De lo dicho se sigue, que incluso si se admite la creación oral de un *trust,* su existencia como sus condiciones requieren de evidencia clara y convincente. Caso contrario se entenderá que el *trust* no existe. Y va de suyo, que tener evidencia "clara y con-

---

72 Reid, K. G. C. (2015) "Patrimony not Equity: The Trust in Scotland", en: *Trusts and Patrimonies,* editado por Remus Valsan, Edinburgh University Press, 120–121.

vincente" de un *trust* oral es muy difícil por lo que el caso casi es meramente teórico. En esta línea, Reid, explica que bajo el Derecho de Escocia, "*un fideicomiso oral es perfectamente válido*" pero que en la práctica son siempre por escrito y generalmente registrados con registros públicos.[73]

Diferentes Finalidades: planificación patrimonial, de caridad y fideicomisos comerciales

Si bien desde una perspectiva estrictamente técnica este punto parecería de menor relevancia, desde el punto de vista práctico esta es la gran diferencia entre el *trust* y el fideicomiso. En otras palabras, la principal diferencia entre el *trust* del *Common Law* y el fideicomiso es su finalidad. Lo que desde ya tendrá un impacto en su redacción, regulación y la solución de cualquier conflicto que pudiera surgir.

Mientras que en el *Common Law* el fideicomiso se centra en el área de transferencias gratuitas (protección y planificación sucesoria y patrimonial), en el derecho civil los fideicomisos son principalmente fideicomisos con fines comerciales y de garantía. Sin embargo, existen fideicomisos comerciales en Estados Unidos y fideicomisos de protección de patrimonio y herencias en América Latina.

Tal como era de imaginarse, este punto representa una diferencia práctica importante en la actividad diaria de un fiduciario en América Latina en comparación con el *Common Law*, dado que los fiduciarios en los países de tradición civil suelen centrar su actividad en fideicomiso de construcción, forestales, de garantía de operaciones financieras complejas, y otros rubros de la actividad económica.

---

[73] Reid, K. G. C. (2015) "Patrimony not Equity: The Trust in Scotland", en: *Trusts and Patrimonies*, editado por Remus Valsan, Edinburgh University Press, 120–121.

Mientras que el *trustee* típico será tenedor de activos financieros o bienes propios del patrimonio de personas de importante patrimonio.

Sin perjuicio de lo dicho, reiteramos sí existen *trusts* patrimoniales en los países de tradición civil, y también existen *trusts* con actividad comercial en los países del *Common Law.* En relación con este último punto, la doctrina ha analizado este "reciente" fenómeno, dado que en términos históricos el *trust* del *Common Law* para protección patrimonial tiene siglos de historia en comparación con los *trusts* comerciales que son un fenómeno que se desarrolló con mayor fuerza en el Siglo 20. Un trabajo fundamental en la materia es el del Profesor John Langbein, que tiene el excelente y claro título "La vida secreta de los *trusts*: El *trust* como un instrumento del Comercio".[74] En este influyente trabajo Langbein explica que: "*en la cultura del derecho angloamericano, pensamos en el fideicomiso como una rama del derecho de transferencias gratuitas. Ahí es donde enseñamos los fideicomisos en el plan de estudios de la facultad de derecho, ahí es donde ubicamos los fideicomisos en las leyes, y ahí es donde los abogados estadounidenses típicamente encuentran el fideicomiso en su práctica. El fideicomiso se originó a finales de la Edad Media como un medio para transferir riqueza dentro de la familia, y sigue siendo nuestro dispositivo característico para organizar la transmisión de riqueza intergeneracional cuando el transferente tiene activos sustanciales o asuntos familiares complejos. En la sucinta formulación de Bernard Rudden, los abogados angloamericanos consideran el fideicomiso como "esencialmente una donación, proyectado en el plano del tiempo y, por tanto, sujeto a un régimen de gestión*"." Luego de ejemplificar su punto citando el *Restament of Trusts*, y varios autores tradicionales en la materia, Langbein explica que en el trabajo que estamos citando su tesis es que "*la tradición intelectual jurídica estadounidense, que caracteriza el fideicomiso como una rama del derecho de transferencias gratuitas,*

---

74 Langbein, J.H. (1997), '*The Secret Life of the Trust: The Trust as an Instrument of Commerce*' 107 The Yale Law Journal 165, 180.

está en desacuerdo con la realidad de la práctica estadounidense de los fideicomisos. En verdad, la mayor parte de la riqueza que se mantiene en fideicomiso en los Estados Unidos se coloca allí como resultado de acuerdos comerciales y no en relación con transferencias gratuitas. Se verá que más del 90% del dinero mantenido en fideicomisos en los Estados Unidos está en fideicomisos comerciales y no en fideicomisos personales."

Son ejemplos de fideicomisos comerciales los fideicomisos que instrumentan fondos de pensión (sean de empleados de una empresa en particular o abiertos para cualquier persona que desee realizar un aporte para su retiro futuro), fideicomisos que instrumentan fondos comunes de inversión (generalmente denominados "*unit trusts*" dado que la participación de los beneficiarios se hace por medio de suscripción y rescate de unidades)[75], pudiendo considerarse a los REITs (por *Real Estate Investment Trusts*, traducible como fideicomisos de inversión en activos inmobiliarios) como una de las subclases de estos fideicomisos más utilizados; los fideicomisos de sindicación de acciones, y los fideicomisos para la titulización (o securitización) de activos. Cabe aclara que si bien a los fideicomisos comerciales se los suele denominar Massachusetts *trusts*, esto no significa que sean exclusivos de ese Estado de los Estados Unidos.

En esta misma línea, David English dice que los fideicomisos se utilizan cada vez más como herramientas para facilitar las transacciones comerciales. Este autor, al igual que Langbein, explica que en los Estados Unidos, la riqueza mantenida en fideicomisos

---

75 La Directiva 2009/65/CE del Parlamento *Europeo* y del Consejo, de 13 de julio de 2009 , por la que se coordinan las disposiciones legales, reglamentarias y administrativas sobre determinados organismos de inversión colectiva (TOL1.763.404) dispone que para los fines de la misma: "*a) el término "fondo común de inversión" comprenderá también el unit trust; b) el término "participaciones" de OICVM comprenderá asimismo las acciones de OICVM*". Los OICVM son los organismos de inversión colectiva en valores mobiliarios.

comerciales supera con creces la transmitida a través de fideicomisos creados para gestionar donaciones familiares. Lo dicho incluye fondos de pensiones, fondos mutuos para agrupar activos de inversión y fideicomisos para garantizar el pago de deuda corporativa.[76]

Mismo comentario hace Ruiqiao Zhang en relación con la situación en el Reino Unido, abogando además por una revisión de la normativa inglesa para receptar correctamente este fenómeno. Zhang explica que: "*La evidencia muestra que los fideicomisos que se encuentran en el ámbito comercial y contextos empresariales actuales (...) tienen la mayor influencia sobre cómo se está adaptando la ley de fideicomisos; esto refleja cómo se utilizan ahora los fideicomisos. Los casos de ley de fideicomisos sestán centrándose cada vez más en lo comercial, más que en lo familiar, y los litigios relacionados con fideicomisos comerciales se han vuelto más frecuentes que en el pasado.*" La autora sostiene que lo dicho "*requiere repensar el enfoque tradicional de los fideicomisos. Sin embargo, hay una escasez de estudios académicos sistemáticos y literatura sobre el tema de cómo y en qué forma los fideicomisos se utilizan con fines comerciales.*" [77]

En esta misma línea, Hofri-Winogradow habla sobre el tratamiento de los *trusts* como entidades (fenómeno que denomina "entificación") y explica que este fenómeno se da en su máximo grado en los *trusts* utilizados como vehículos para negocios comerciales expresando que "*la entificación de los trusts, privándolos de las reglas que los caracterizaban como truts-como-relaciones alcanza su zenit en el trust de negocios o comercial.*"[78]

En síntesis, si bien de la lectura de jurisprudencia, legislación y doctrina parecería indicarse que en los países del *Common Law* el fideicomiso se limita a las protección y planificación patri-

---

76 English, D. M., (2002). *The Uniform Trust Code (2000): Significant Provisions and Policy Issues,* Missouri Law Review, Vol. 67, pág 143 y sgts.

77 Zhang, R. (2022) *Principal forms of commercial trusts in the UK and the rethinking of traditional approaches,* Trusts & Trustees, Vol. 28, No. 8, 787–800.

78 Hofri-Winogradow, A.S. (2017) *Contract, Trust and Corporation: From Contrast to Convergence,* Iowa Law Review, Vol. 102, 1712.

monial, existe un enorme campo de práctica en fideicomisos comerciales, y como hemos visto, doctrina de enorme prestigio que sostiene la necesidad de revisión de esta lógica, e incluso de la normativa. Se sigue entonces, que esta diferencia de práctica y uso es, en rigor de verdad, una diferencia que debe matizarse.

Base contractual vs. relación de propiedad en equidad

Ni España ni Latinoamérica tuvieron una separación equivalente a la separación entre derecho y equidad, que sí tuvo el *Common Law.* Tal como explicamos, lo dicho no es óbice para la incorporación del fideicomiso en la legislación. De hecho, tal como mencionáramos, existen jurisdicciones como Escocia que son sistemas mixtos que por razones históricas han estados muy vinculados al *Common Law* inglés que no basan el concepto de fideicomiso en el *equity.* Asimismo, la postura de que el *trust* no es un contrato como cualquier otro, tiene un gran arrastre histórico pero es como mínimo, muy debatible. Nuevamente recurrimos al prestigioso profesor Langbein[79] quien en *The Contractarian Basis of the Law of Trusts* (traducible como "La base contractual de la ley de fideicomisos") explica que bajo el Derecho de los Estados Unidos se suele considerar al *trust* como una rama de los derechos reales, pero que en rigor de verdad un *trust* es un acuerdo entre el fiduciante y el fiduciario, en el cual hay dos secciones. La primera es la relativa a la propiedad transferida y qué hacer con ella. La segunda trata sobre la administración del *trust.* Langbein reconoce que el *trust* puede ser creado en los Estados Unidos por una declaración unilateral y lo analizar en un anexo separado, por lo que el análisis de la parte principal es dedicada al *trust* creado por contrato o al *trust* testamentario. Langbein destaca que incluso el trust testamentario es un acuer-

---

79 Langbein, J.H. (1995) *The Contractarian Basis of the Law of Trusts,* The Yale Law Journal, (1995-1996) Vol. 105, pág. 625 y sgts.

do porque no existe un fideicomiso sino hasta que un fiduciario lo acepta, y nadie está obligado a ello si no lo desea.

Langbein hace un enjundioso estudio histórico y explica los motivos por los cuales Scott (quien a su vez influenciara el *Restatement of Trusts*) se opuso a esta visión del *trust* como contrato, y no sólo los motivos que la refutan sino la doctrina y jurisprudencia en apoyo de su postura. En síntesis, Langbein muestra que la posición de entender a los *trusts* como una rama de los derechos reales (y en particular una propiedad en equidad) y no como contratos, no se condice con la práctica y legislación actual, dado que el contrato de fideicomiso es eso, un contrato.

En este mismo sentido, Hofri-Winogradow sostiene que la tradicional distinción entre relaciones contractuales y fiduciarias ha sido erosionada y ya no tiene sentido, en particular, si se considera que los servicios de fiduciarios pasaron de relaciones personales a un servicio *comoditizado* prestado por profesionales.[80]

En síntesis, desde una perspectiva práctica, los contratos de fideicomisos son tales bajo el *common law* como el derecho civil.

Fiduciarios y Beneficiarios no humanos

En lo que hace a los beneficiarios, varios Estados de los Estados Unidos permiten crear un *trust* a favor de un animal, algo que no sería posible con el fideicomiso que sólo permitiría que el beneficiario directo sea una persona humana o jurídica. Sin embargo, y sin intención de abrir un debate, cabe destacar que el avance de la doctrina de las personas no humanas y los seres sintientes no sería sorprendente que se lo permita en el futuro. Tal vez se podría pensar en un fideicomiso de caridad para el bienestar animal, pero no un fideicomiso con un animal como beneficiario directo.

---

80 Hofri-Winogradow, A.S. (2017) *Contract, Trust and Corporation: From Contrast to Convergence*, Iowa Law Review, Vol. 102, 1713.

Finalmente, relación con quién puede ser fiduciario, la regla general en los Estados Unidos es que cualquier persona física o jurídica puede ser fiduciario, tal como veremos, en Latinoamérica hay jurisdicciones más laxas y más estrictas, pero se puede decir que la regla general es que sólo ciertas personas jurídicas pueden ser fiduciarios.

Contando ya con una definición de fideicomiso, de *trust*, y su comparativo, corresponde que hagamos el análisis más detallado de sus participantes.

Capítulo VI: Participantes del Fideicomiso

Cabe aclarar que desde un punto de vista estricto, sólo serían partes del fideicomiso, esto es, firmantes necesarios del contrato de fideicomiso: el fiduciante y el fiduciario, pues tanto el beneficiario como el fideicomisario se pueden regir por las reglas atinentes a las estipulaciones a favor de terceros y aceptar su posición en forma tácita. En virtud de lo dicho existirán hasta cuatro posibles participantes pero sólo dos partes. A continuación, veremos cada uno de los participantes del contrato y sus particularidades, con la excepción del fiduciario al cual, por su importancia, le dedicamos todo el siguiente capítulo.

1. EL FIDUCIANTE

El fiduciante (también llamado fideicomitente en ciertas jurisdicciones) es la parte que transmite la propiedad de un bien y le encomienda el cumplimiento de una tarea al fiduciario.

La regla general es que el fiduciante sólo tiene poderes de disposición sobre los bienes fideicomitidos hasta el momento de la transferencia de la propiedad fiduciaria. Un fiduciario podría romper esta regla y reservarse derechos, el más importante sería el de revocar el fideicomiso pero podría pensarse en otros ejemplos tales como: a) la reserva por parte del fiduciario del derecho de cambiar al beneficiario, b) adicionar otros beneficiarios no previstos, c) determinar las inversiones que el fiduciario deba hacer, o d) tener poder de veto en ciertas decisiones del fiduciario, entre otros ejemplos. Justamente una de las grandes ventajas del fideicomiso es su versatilidad y la posibilidad de crear un patrimonio de afectación que se rija por reglas "a medida" de las partes intervinientes. Sin embargo, si el fiduciario se reservara poderes, esto podría tener reflejo en el tratamiento fiscal del fideicomiso y hasta en que fuera considerado una simulación. En la forma, sería un fideicomiso pero, en la sustancia, el fiduciante seguiría controlando los bienes, con consecuencias en materia de derechos de los acreedores del fiduciario, entre otras.

Al tratar el deber del fiduciario de rendir cuentas comentaremos la facultad del fiduciante de exigirlas, obvia consecuencia de su capacidad para exigir el cumplimiento del encargo que ha encomendado.

Nada obsta a que exista multiplicidad de fiduciantes. Esta situación puede responder a: (i) un aporte fiduciario hecho originalmente en conjunto, por ejemplo, fiduciantes de un bien en copropiedad; (ii) a una pluralidad de fiduciantes prevista pero no ejecutada en forma conjunta, por ejemplo, fiduciantes en un proyecto de inversión que conocen y alientan la existencia de otros fiduciantes pero que ingresan en distintos momentos; o (iii) puede responder a una circunstancia fortuita posterior. Por ejemplo, frente a una situación de dificultades económicas o financieras será responsabilidad del fiduciario, sobre la base de criterios de buen hombre de negocios y considerando el mandato fiduciario que debe cumplir, la elección entre: (i) aceptar un nuevo fiduciante, (ii) endeudar el patrimonio fideicomitido, o (iii) simplemente disolverlo por imposibilidad de cumplir con su fin. En el caso en que no existiera esta circunstancia económica o financiera excepcional no parecería adecuado que el fiduciario acepte el aporte de un nuevo fiduciante no previsto por el fiduciante original, salvo que el encargo original lo prevea en forma expresa o implícita.

2. EL BENEFICIARIO Y FIDEICOMISARIO

En primer lugar, se debe realizar una aclaración terminológica. En algunas legislaciones latinoamericanas se denomina beneficiario a quien recibe los frutos del fideicomiso, distinguiéndolo del fideicomisario que es quien recibe los bienes al finalizar el fideicomiso. Por ejemplo, en el caso del Derecho argentino, el fideicomisario es la parte que tiene el derecho a recibir el bien al finalizar el fideicomiso y el beneficiario el que recibe los frutos a lo largo del fideicomiso, pero nada impide que sea una misma persona. Sin embargo, la mayorías de las legislaciones usa ambos términos indistintamente, y así lo haremos en esta obra.

En el *Common Law* para denominar el fideicomisario que recibe los bienes se utiliza el término "*residual beneficy*" (traducible como "beneficiario residual") que no debe confundirse con la sustitución fideicomisaria de residuo. En el caso del fideicomiso, el fiduciario nunca puede utilizar los bienes en su provecho, como pasa en una sustitución fideicomisaria de residuo (tal como se explica al tratar el fideicomiso testamentario).

Si se entiende que el fideicomiso genera una "división" de la propiedad en propiedad formal (en cabeza del fiduciario) y beneficios emergentes de la misma o propiedad económica, en cabeza del beneficiario, entonces, se puede decir que beneficiario es quien tiene el derecho a los beneficios económicos que emerjan del patrimonio fiduciario. Por su parte, es un requisito legal habitual imponer que el contrato deba contener necesariamente el destino de los bienes a la finalización del fideicomiso, por lo que es requisito del mismo contener la determinación del fideicomisario.

Tal como adelantamos, el beneficiario no necesariamente es parte del contrato de fideicomiso, sino que revisten esta calidad el fiduciante y el fiduciario. Sin embargo, considerando que el contrato de fideicomiso es en favor del beneficiario, sería recomendable que el mismo firme el contrato constitutivo del fideicomiso aceptando tanto las ventajas emergentes del mismo como así también las eventuales obligaciones que el mismo le imponga dado que es una regla general que para que un tercero pueda exigir una estipulación en su favor, antes debe aceptarla.

En virtud de que el fiduciario es el único dueño del patrimonio fiduciario durante la vigencia del fideicomiso, los beneficiarios sólo son acreedores de una obligación de dar. En otras palabras, ninguna legislación adoptó la idea de la división del derecho de dominio entre el fiduciario y el beneficiario, como sería entre un nudo propietario y un usufructuario. En virtud de lo dicho, no hay fundamentos para sostener que el beneficiario o fideicomisario tiene un *jus in rem* sobre los bienes fiduciarios.

De lo explicado la conclusión lógica sería que el beneficiario tiene un derecho *personal* sobre los bienes. Lo dicho no es óbice a que tenga el derecho a pedir rendición de cuentas, controlar al fiduciario en su ejecución o solicitar las acciones en protección de su derecho si la ley se los otorga. Pero insistimos, no por eso tiene un derecho real.

Cabe destacar que la discusión de la calidad del derecho del beneficiario es de muy larga data. Como muestra cabe destacar que en 1917 fue publicado un trabajo de Austin Wakeman Scott en que inclinaba por un derecho *in rem*, y ese mismo año fue criticado por Harlan F. Stone quien sostiene que es un derecho *in personam.*[81]

Asimismo, son múltiples las voces que se han alzado destacando la futilidad de este debate. David Foster se muestra incrédulo sobre el valor de esta discusión, expresando que: "*En última instancia, el debate sobre la clasificación adecuada de los derechos del beneficiario como in rem o in personam no fue concluyente precisamente porque estas etiquetas civiles no se correspondían claramente con la concepción histórica del trust basada en la relación jurídica que se reflejaba en la jurisprudencia y los tratados.*" [82]

En conclusión, más allá del debate en el *Common Law*, bajo el derecho civil dado el *numerus clausus* en materia de derechos

---

81 Stone, H.F. (1917) *The Nature of the Rights of the Cestuir que Trust*, Columbia Law Review, Vol. XVII. No. 6.

82 Foster, D. (2023) "Historical Conceptions of the Express Trust, c 1600–1900" en: Degeling, Simone: Hudson, Jessica y Samet, Irit, (eds.) *Philosophical Foundations of the Law of Trusts*; Oxford University Press.

reales, y dado que no existe un derecho real del beneficiario, el beneficiario tendrá un derecho personal. Desde ya, este derecho del beneficiario, sí es parte de su patrimonio, y pueden ser embargados por los acreedores sin por ello afectar al fideicomiso. En otras palabras, el derecho del beneficiario no es una excepción a la regla general, y por ende insistimos que es parte del patrimonio del beneficiario y no hay motivo alguno para que esté excluido de la responsabilidad frente a sus acreedores. Se podría hacer el paralelo con una sociedad, el acreedor del socio no puede embargar los bienes de la sociedad, pero puede embargar las acciones del socio.

3. LA COEXISTENCIA DE ROLES

Existen varios casos de concurrencia de roles en una misma persona. A continuación veremos los casos posibles y los prohibidos.

El primer caso es el del fiduciante que es al mismo tiempo beneficiario del fideicomiso. Este caso es típico de los fideicomisos con fines de negocios. En esta clase de fideicomiso quien transmite los bienes y realiza el encargo fiduciario (el fiduciante o fideicomitente) y quien recibe los beneficios de los bienes fideicomitidos (beneficiario y/o fideicomisario) es la misma persona. Cabe preguntar entonces: ¿por qué se transmite la propiedad fiduciaria a un tercero? Si bien existen varios motivos posibles, los más comunes son la búsqueda de una administración profesional de activos, la posibilidad de reunir varias partes bajo una estructura jurídica segura que elimine las contingencias personales de los participantes (el fideicomiso) y la afectación de los bienes a ese fin específico.

El ejemplo típico de fiduciante-beneficiario lo encontramos en el caso de los fideicomisos de construcción de emprendimientos pequeños o medianos. Se podría pensar en que un fiduciante transmita un terreno, otro fiduciante aporte la obra, una tercer fiduciante los fondos y un cuarto, el servicio de comercialización de las unidades que se construyan. El fiduciario recibiría los aportes en fideicomiso y llevaría adelante la construcción de la obra que una vez finalizada permitiría la venta de unidades. Al finalizar la ejecución del proyecto los fiduciantes-beneficiarios recibirían el neto del producido de las ventas en la proporción originalmente convenida, que generalmente será proporcional a sus aportes.

Los fideicomisos con fiduciantes-beneficiarios son mucho más flexibles y ágiles que una sociedad anónima. En esta línea, se podría pensar en una distribución de distintas facultades de decisión. Por ejemplo, se podría pensar en la creación de un comité de control del fiduciario o un comité al que deba consultar frente a determinados temas como el endeudamiento del fideicomiso por encima de cierto monto o límite de otra naturaleza. Más adelante volvemos sobre los posibles órganos de un fideicomiso.

Cabe aclarar que no se propugna semejante cosa como la "superioridad" del fideicomiso sobre la sociedad. Son dos vehículos legales diferentes, con diferentes aplicaciones. El fideicomiso es la forma jurídica adecuada para el proyecto de inversión cuyos participantes no pretenden permanencia, no tengan *affectio societatis* y sólo deseen desarrollar un proyecto puntual. Por su parte, la sociedad es el vehículo legal adecuado en los casos en que exista *animus societatis* para realizar una actividad hacia el futuro con intención de perdurabilidad.

El segundo caso para considerarse es del fideicomiso por acto unilateral, en el cual el coincide el fiduciante con el fiduciario. Tal como hemos explicado, bajo ciertos derechos es posible la creación de un fideicomiso por acto unilateral, esto es, una persona propietaria plena de un bien declara que a partir de ese momento pasa a ser meramente fiduciario en favor de un beneficiario. Tal como ya dijimos, la regla general bajo los países de tradición de derecho civil, es que no lo permiten salvo casos muy puntuales (por ejemplo, para la titulización de activos).

Un punto que se ha discutido es si la existencia de control o vinculación entre el fiduciante y el fiduciario (asumiendo que al menos uno de los dos es una sociedad), sería un óbice para la creación de un fideicomiso. La respuesta es que no está prohibido salvo casos de fideicomisos regulados que exigen la independencia de ambas partes (nuevamente, el ejemplo más claro es la titulización de activos). Sin embargo, no será el mismo el análisis frente a la insolvencia del fiduciante, y muy probablemente no será el tratamiento fiscal, dado que la falta de independencia del fiduciario será un elemento negativo a considerarse.

Un tercer caso sería la coincidencia de los roles el beneficiario y fideicomisario. Tal como ya explicamos, sólo algunos derechos hacen esta distinción. Si una persona es beneficiario y fideicomisario, es que coincide quien recibe los beneficios económicos de la propiedad a lo largo de la vida del fideicomiso y quien recibe los bienes fideicomitidos al finalizar el fideicomiso. Ya adelantamos que no existe obstáculo alguno en que ambos roles coincidan en una misma persona. Asimismo, tal como ya explicamos, esta coincidencia de roles es la situación natural en la mayoría de las legislaciones latinoamericanas que sólo prevén la existencia de una parte que cumple ambas funciones, lo que no obsta que a ciertos beneficiarios vayan ciertos frutos y a otros ciertos bienes.

En síntesis, es perfectamente posible que una persona reciba frutos durante la vida del fideicomiso y bienes al finalizar el mismo, esto es, la reunión de las posiciones de beneficiarios y fideicomisarios en las legislaciones que los distinguen. También es posible que un beneficiario tenga derechos a frutos y otro a bienes al finalizar el fideicomiso.

Finalmente, el caso más discutido es el del fiduciario que es beneficiario y/o fideicomisario. Si un fiduciario fuera el único beneficiario con cierta permanencia no existiría verdadero fideicomiso pues una misma persona tendría el goce económico y la propiedad formal, esto es, una persona sería propietaria de un patrimonio que administraría en su exclusivo favor. Reiteramos, esto no sería un fideicomiso, sería propiedad plena. En virtud de lo dicho, la mayoría de las legislaciones latinoamericanas prohíben la coincidencia del fiduciario con el beneficiario declarándola nula o proveen la suspensión de derechos mientras dure esta situación. Asimismo, la regla general es que el fiduciario no se puede quedar con los bienes del fideicomiso. Obviamente, con el fin de evitar conflictos de interés.

El caso para analizarse es si un fiduciario podría ser uno de varios beneficiarios, sin tener el derecho a recibir los bienes. Este caso es admitido por ciertos derechos que permiten que el fiduciario sea uno de varios beneficiarios, estableciendo la regla (obvia) de que el fiduciario deberá actuar en forma ecuánime sin favorecerse a si mismo por sobre los restantes beneficiarios del fideicomiso.

Un caso especial es del fideicomiso en garantía, en esta clase de fideicomisos la coincidencia de los roles de fiduciario y beneficiario fue rechazada por ciertos sectores de la doctrina y aceptado por otros. En general, se permite que el fiduciario sea beneficiario en un fideicomiso en garantía si es un banco o una entidad regulada.

En síntesis, es clara la imposibilidad de ser fiduciario y fideicomisario, y también es clara la inexistencia de fideicomiso en el caso en que el fiduciario sea el único o principal beneficiario y no se trate de un fideicomiso en garantía. Sin embargo, en el caso de coincidencia parcial o circunstancial del fiduciario y el beneficiario se debería considerar cada caso en particular.

Capítulo VII: El fiduciario

El fiduciario es quien que ejerce la propiedad fiduciaria para cumplir el encargo fiduciario, y como tal, el participante principal del fideicomiso. El fideicomiso nacerá con: (i) un contrato en que un fiduciante y un fiduciario acuerdan su creación; (ii) con un testamento al momento en que el fiduciario acepta su rol de tal. Lo dicho no es meramente teórico, el contrato de fideicomiso será llevado adelante por el fiduciario para cumplir el encargo del fiduciante, y sin fiduciario no puede haber fideicomiso.

Se sigue de lo dicho que es contrario a toda buena lógica que se pretenda que las disposiciones del contrato sobre funcionamiento del fideicomiso sean otras que las dispuestas por el fiduciario. Así, como los fines del fideicomiso, plasmados en el contrato, deberá proveer a los fines buscados por el fiduciante. Si se quiere, el fiduciante dice qué se debe hacer, y el fiduciario dice cómo se debe lograr.

Un caso particular se da cuando un fideicomiso ya creado se queda sin fiduciario. El caso más obvio es el de un fiduciario persona humana que fallece. En este caso el fideicomiso no desaparece, pero queda completamente acéfalo. Reid[83] hace una analogía que nos ha parecido muy ilustrativa, dice que un fideicomiso sin fiduciario es como un barco sin tripulación. Esto es, el barco existe, no desaparece, pero claramente no es una situación deseable por los obvios peligros para al barco y para terceros. Es

---

83 Reid, K.G.C. (2015) "*Patrimony not Equity: The Trust in Scotland*", en: "Trusts and Patrimonies", editado por Remus Valsan, Edinburgh University Press, págs. 110 y sgts.

por ello que se puede decir que el fiduciario es fundamental, su falta conlleva un fideicomiso perdido sin rumbo. Asimismo, el fiduciario es esencial para el nacimiento del fideicomiso, no habrá fideicomiso hasta que no haya un fiduciario que acepte el cargo, pero no es estrictamente esencial para su subsistencia dado que puede sobrevivir la falta de un fiduciario una vez creado.

Dado lo indeseable de la situación de un fideicomiso sin fiduciario, las diferentes legislaciones han previsto métodos de designación de fiduciario por pedido a un Juez o a alguna autoridad, o la liquidación compulsiva del fideicomiso. En otras palabras, todos los Derechos proveen una forma de terminar con la situación del "fideicomiso a la deriva" (esto es, sin fiduciario), sea por tener nuevo fiduciario o por terminar con el fideicomiso.

1. ¿QUIÉNES PUEDEN SER FIDUCIARIOS?

Frente a esta pregunta, se pueden plantear tres posibles respuestas conceptuales. La primera es que cualquier persona física o jurídica que sea capaz puede ser fiduciario. Esta es la postura de la mayoría de los países del *Common Law* y de varios países de Latinoamérica. En el otro extremo del espectro de soluciones, sólo se permite ser fiduciario a sociedades expresamente autorizadas para tal actividad, y bancos u otras entidades bajo el contralor permanente del Estado (por ejemplo, casas de bolsa, compañías de seguro, o administradoras de fondos). En la posición intermedia se permite que cualquier persona capaz sea fiduciario, pero se limitan ciertos casos como, por ejemplo: (i) fideicomisos que recurran al ahorro público; (ii) la actuación profesional como fiduciario; o (iii) la oferta pública de servicios fiduciarios. De esta forma, para un fideicomiso personal (entre parientes o amigos cercanos) que no involucra el interés público cualquier persona podrá ser fiduciario, pero si se involucra al público en general, se deberé recurrir a un fiduciario autorizado.

2. LOS CO-FIDUCIARIOS

Por co-fiduciarios no nos referimos a nombrar suplentes que vayan asumiendo el cargo sino a dos (o más) personas que al mismo tiempo son fiduciarios. En otras palabras, no nos referimos a un suplente que reemplaza a un fiduciario, sino a dos personas que son fiduciarios titulares al mismo tiempo. Existen legislaciones que los prevén expresamente, y otras que siempre se refieren al fiduciario en singular, lo que ha llevado a entender que no es posible que existan co-fiduciarios.

En el caso de existir co-fiduciarios estaríamos frente a una copropiedad fiduciaria con toda una nueva serie de interrogantes sobre como disponer y administrar de los bienes, y hasta dudas sobre si podrían pedir la división de la copropiedad. En virtud de lo dicho, las legislaciones que permiten la existencia de co-fiduciarios suelen exigir una actuación consensuada y no permiten la división de la copropiedad.

3. ACTUACIÓN DILIGENTE DEL FIDUCIARIO

Esta es por mucho la obligación principal del fiduciario, su actuación con prudencia y diligencia. Es la *fiduciary duty* por antonomasia bajo el *Common Law*, y está receptada en todos los países de tradición de derecho civil, sea refiriéndose al buen hombre de negocios, el buen padre de familia o similar estándar. Esta obligación ha sido objeto de amplia doctrina e innumerables sentencias que podríamos resumir en los siguientes puntos: a) el fiduciario debe conocer de la materia técnica que requiera el fideicomiso, esto es, manejo de inversiones, construcción de inmuebles, manejo de bosques, y un largo etc. En caso de no conocer la materia, debe hacerse asesorar por expertos en la misma; b) salvo expresa disposición en contrario, que digamos pocos fiduciarios aceptaran, se debe actuar prudentemente haciendo prevalecer la conservación de los activos por sobre la obtención de una ganancia; c) se deben realizar el esfuerzo de prever las posibles contingencias y circunstancias propias de cada negocio; y d) se debe fundamentar y registrar el motivo de las principales decisiones, lo que se vincula a la rendición de cuentas que veremos más adelante. Desde ya, este resumen es meramente ilustrativo, dado que insistimos, las obligaciones fiduciarias han sido objeto de amplísimo debate.

La diligencia del fiduciario se medirá con relación al cumplimiento del encargo fiduciario, esto es, el objetivo tenido en miras por el fiduciante al momento de celebración del contrato. Es por ello que es de la mayor importancia que este objetivo sea expresado en forma clara para evitar situaciones indeseables. Desde una perspectiva práctica, cabe destacar que el fiduciario recibe una retribución muy inferior al monto de los bienes que administrar y, por ende, de la responsabilidad que asume. Es por ello que es fundamental para el fiduciario reducir los riesgos involucrados en la transacción relativos a la resolución de situaciones no previstas para que su actividad sea económicamente viable.

Una de las peores faltas que puede cometer un fiduciario, es no mantener la separación patrimonial de los bienes que integran el fideicomiso y los propios. Este deber se materializa en la existencia de una contabilidad separada, debidamente respaldada y, de acuerdo al monto o clase de activos o la actividad desarrollada, también auditada por profesionales idóneos. Por razones obvias, si hubiera una multiplicidad de bienes transferidos, será necesario un inventario inicial. Esta tarea que puede parecer muy sencilla, no lo es cuando se transfiere un establecimiento o patrimonios concursados, siendo uno de los aspectos más complejos el lograr hacer orden cuando el conjunto de bienes inicial no cuenta con una contabilidad adecuada.

Un deber esencial es el de lealtad a la confianza depositada en la persona del fiduciario y el deber de guardar la confidencialidad de la información comercial o personal que le ha sido confianza o que ha obtenido en el ejercicio de sus funciones.

Indubitablemente el fiduciario se encuentra bajo la regla del secreto profesional.

4. RENDICIÓN DE CUENTAS

El fideicomiso, dependiendo de la clase de bienes transmitidos y la finalidad que se quiera dar a los mismos puede ser simplemente una forma de conservación de bienes, o un activo negocio. La rendición de cuentas no es ajena a esta realidad, ya que en el primer caso bastará con mostrar que se ha preservado los bienes, mientras que en el segundo se deberá detallar los criterios seguidos en la dirección del giro comercial. Sin embargo, resaltamos que es crucial considerar que una adecuada rendición de cuentas aceptada por los beneficiarios, fideicomisarios y los fiduciantes es la forma de evitar todo cuestionamiento posterior a la misma, salvo en materia fiscal cuya responsabilidad será regulada por la ley tributaria. En la medida en que esta rendición haya detallado correctamente los criterios seguidos por el fiduciario en su actividad, en qué consistió la misma, y sus resultados, a partir de la aceptación se entenderá que no existe posibilidad alguna de impugnación salvo que se alegue un vicio de la voluntad, vale decir, haber sido aceptada bajo engaño o violencia. Es por ello que gustamos de graficar esta situación diciendo que la rendición de cuentas es el gran derecho del fiduciario.

Todas las legislaciones imponen al fiduciario el deber de rendir cuentas, estableciendo plazos máximos que van de los tres meses al año. Nuestro entendimiento es que el plazo más adecuado, desde ya si nada se establece en el contrato, es el plazo anual. El contrato de fideicomiso podría incluir la obligación de rendir cuentas a otras partes involucradas o aún a terceros. Sin embargo, entendemos que el fiduciante tiene derecho a solicitar la rendición de cuentas aún en el caso en que no haya sido previsto en el contrato pues a éste le corresponde la facultad de remover al fiduciario frente a su mal desempeño, o de ser citado en caso de que tal solicitud sea llevada a cabo por el beneficiario. Asimismo, no cabría oponer al fiduciante razones de privacidad o secreto comercial pues es quien ha dado nacimiento al patrimonio fiduciario y ha dispuesto el destino del mismo.

La rendición de cuentas es la contracara de la libertad para actuar del fiduciario. La ley le otorga un amplio campo de acción que puede ser restringido por contrato, pero en todos los casos le impone el contrapeso de la adecuada explicación de su gestión que no puede ser dispensada en el contrato. Es decir, existe libertad pero para actuar responsablemente.

Entendemos por rendición de cuentas la descripción detallada y documentada de los hechos y actos relevantes para los activos y fines del fideicomiso, y la explicación del resultado final. La misma debe comenzar con la situación al inicio del período en que se rinde cuentas, y explica cómo se ha llegado a la situación al finalizar el citado período. En otras palabras, una explicación clara de cada negocio realizado, así como de la razón de las inversiones y resultados.

La rendición de cuentas deberá ser considerada en relación con cada clase de beneficiario y a cada clase de fideicomiso. No será lo mismo la rendición de cuentas de un proyecto inmobiliario (que seguramente contará con estados financieros auditados) que un fideicomiso en el cual se tiene una obra de arte.

Finalmente, la regla general es que está prohibida la dispensa anticipada de la rendición de cuentas. La finalidad de la norma es que las partes no puedan acordar al momento de celebración del contrato la dispensa de la rendición, lo cual no es ni más ni menos que una extensión de la prohibición de la dispensa del dolo en los contratos, y también de la culpa en el caso del fiduciario. En este sentido, la renuncia del beneficiario con posterioridad a la celebración del contrato a la rendición de cuentas del fiduciario, es absolutamente válida. Siendo la renuncia una liberalidad, el renunciante debe ser una persona capaz para hacer liberalidades y el fiduciario capaz de recibirlas.

5. RETRIBUCIÓN DEL FIDUCIARIO

En el caso de fiduciarios profesionales se asume que la tarea del mismo es retribuida. Si la retribución no estuviera fijada en el contrato es usual la facultad de los Jueces de fijarla o, en el caso de fideicomisos a largo plazo o fideicomisos testamentarios, modificarla.

Con el fin de evitar toda duda, cabe aclarar que no se debe confundir el hecho de retribuir la tarea del fiduciario (será un contrato de prestación de servicios) con la eventual retribución al fiduciante por el aporte de los bienes. Son dos cuestiones totalmente independientes.

La retribución es uno de los aspectos centrales de los contratos de fideicomiso y que ha dado lugar a frecuentes disputas. Es esencial aclarar: (i) la base de cálculo de la retribución, por ejemplo, los activos del fideicomiso o el patrimonio neto del fideicomiso; (ii) las diferentes alícuotas aplicables; (iii) el momento de cálculo y de pago, por ejemplo, puede calcularse anualmente sobre los activos del balance pero que existan anticipos mensuales.

Algunas formas comunes de cálculo de honorarios del fiduciario son (i) una remuneración basada en un porcentaje de los activos, esto es, el sistema propio de fideicomisos de inversión de activos financieros o fondos de capital privado o de riesgo: (ii) una remuneración calculada sobre la base de las horas insumidas en las tareas de administración del fiduciario, que generalmente se complementa con un honorario inicial por las tareas especiales que requiere la puesta en marcha del fideicomiso; y (iii) un honorario a éxito o *success fee*, que se vincula al resultado o ganancia del proyecto, al estilo *carried interest* del capital privado o de riesgo.

Cabe destacar que los honorarios se han ido sofisticando, en un primer momento se trataba de un simple porcentaje de la utilidad, pero en la actualidad es común ver contratos en los que se establece que hasta cierta tasa de retorno no habrá honorarios de éxito, pues se entiende que es el retorno básico (*hurdle rate*) que no amerita una retribución de éxito. Y a partir de la citada tasa, el porcentaje del honorario de retorno es creciente. Por ejemplo, nada se cobra hasta el 7% anual, se cobra el 30% de las ganancias desde el 7% hasta el 12% anual de retorno, y se cobra el 50% a partir del 12% anual de retorno.

Si el fiduciario se limitará a una tarea administrativa sin influencia significativa en el resultado del negocio, por ejemplo por haberse nombrado un operador que desarrolle el negocio, no se presentaría adecuado un honorario de éxito. Por el contrario, esta clase de honorarios de éxito suele ser un incentivo adecuado en el caso en que el fiduciario desarrolle una tarea fundamental para completar el objetivo del fideicomiso.

Los honorarios de éxito han sido criticados en el ámbito internacional pues se ha sostenido que eran un gran incentivo para la especulación o el riesgo irrazonable del fiduciario. Según esta visión esta situación se presentaba pues en el caso en que el fiduciario pierda los fondos administrados será una pérdida del inversor (fiduciante-beneficiario), y si obtiene altas ganancias, representará un buen honorario (obvio problema del agente-principal). Si bien este riesgo existe con un fiduciario inescrupuloso, la correcta elección del fiduciario y la existencia de normas de inversión claras en el fideicomiso, adicionalmente a las rendiciones de cuenta, reportes, auditores técnicos, y otras medidas, son elementos que permiten disminuir sensiblemente el riesgo.

A modo de reflexión final, cabe destacar que la forma de cálculo de los honorarios debe guardar relación con las tareas del fiduciario e intentar "alinear" los intereses de los fiduciantes, beneficiarios y fiduciarios. Tal como ya se ha mencionado, de nada sirve un excelente contrato de fideicomiso si no existe fiduciario interesado en realizar una labor adecuada para el desarrollo del objeto del mismo.

6. FINALIZACIÓN DEL ROL DEL FIDUCIARIO

Existen múltiples causas de cesación de un fiduciario, las que suelen estar previstas en las legislaciones son las que pasamos a explicar.

La primera es la remoción judicial por incumplimiento de las obligaciones del fiduciario. En ciertos casos se requiere que se cite al fiduciante y a los restantes beneficiarios. Cabe asumirse que el pedido lo hará un beneficiario o fideicomisario que busca evitar un daño a los activos o que entiende se lo está perjudicando en sus derechos. Ante una denuncia de mal manejo de los activos es posible la designación judicial de un veedor que informe al Juez o incluso de un co-fiduciario cuya conformidad sea necesaria para disponer de los activos del fideicomiso.

Un segundo caso obvio de finalización del rol de fiduciario es la muerte o incapacidad declarada judicialmente de una persona física. Un aspecto no menor es que las legislaciones suelen eximir la transferencia de la propiedad fiduciaria de la necesidad de realizar un juicio sucesorio, bastando que un nuevo fiduciario solicite la inscripción a su nombre. Por supuesto, lo dicho da por obvio que no existe confusión entre el patrimonio fiduciario y el patrimonio propio de quien fuera el fiduciario anterior.

Desde ya, el siguiente caso obvio es la disolución de una persona jurídica que sea fiduciario. No nos referimos al caso de fusión o absorción dado que en estos casos habría una sociedad continuadora, sino al de disolución y liquidación que daría por terminada a la sociedad. Cabe asumirse que la sociedad debería traspasar los activos, registros y facilitar el cambio de fiduciario, pero podrían darse circunstancias que hagan de esto muy difícil, generalmente casos de pérdidas que llevan a un final abrupto de la actividad.

Otro caso también previsible sería el fin de la actividad de la sociedad por quiebra o liquidación judicial o administrativa, por insuficiencias patrimoniales. Si bien se podría dar por evidente que mal podría actuar como fiduciario un quebrado o una sociedad liquidada, entendemos que este inciso debe interpretarse armónicamente con la restante normativa y se debe entender que frente a la quiebra o liquidación no sólo el fiduciario cesa como tal, sino que el fideicomiso no se ve afectado por tales situaciones y debe ser transferido a un nuevo fiduciario.

Finalmente, queda el caso que tiene diferentes regulaciones y genera el mayor debate, se trata de la renuncia del fiduciario. Existen jurisdicciones en que la renuncia sólo es posible si se la prevé expresamente en el contrato de fideicomiso, en otras sí es posible pero sólo luego de que se logre la exitosa transferencia a un nuevo fiduciario de los activos y la contabilidad para una adecuada rendición de cuentas. Un aspecto fundamental a considerarse en el contrato es quién carga con los gastos de la transferencia, lo que podría incluir inscripciones en registros, redacción de acuerdos, apertura de nuevas cuentas bancarias o de agentes del mercado de valores, traslado físico de activos, y varias gestiones más todas con sus costos.

El reemplazo del fiduciario es de especial importancia si se considera que el contrato se basa en la confianza que genera el fiduciario y la dificultad de su reemplazo en el caso de no tratarse de fiduciario comerciales sino de personas designadas en virtud de una especial relación o de sus condiciones personales.

Finalmente, cabe destacar que en las legislaciones latinoamericanas en las que se restringió la capacidad de ser fiduciario a cierta clase de entidades (v. gr. bancos), es común que existan normas que prohíban la no aceptación del cargo de fiduciario, en la medida en que la remuneración sea adecuadamente fijada por un Juez, y la imposibilidad de renuncia al mismo.

Capítulo VIII: Propiedad Fiduciaria

Tal como hemos explicado, dado que el fideicomiso es un patrimonio separado, tiene su propio conjunto de acreedores y deudores. Este conjunto no se confunde ni con los acreedores ni con los deudores del fiduciario, el fiduciante, ni el beneficiario o fideicomisario. Justamente el aspecto fundamental del fideicomiso es, ni más ni menos, que permite crear un patrimonio separado destinado a un cierto fin por medio de un contrato o testamento.

En este capítulo corresponde explayarnos sobre los aspectos vinculados a la propiedad fiduciaria y las consecuencias de la creación de un patrimonio separado.

1. PROPIEDAD O DOMINIO FIDUCIARIO

Dado el principio de *numerus clausus*, y que el fiduciario es propietario pero no lo es en forma plena porque la propiedad fiduciaria se caracteriza por estar sujeta a un encargo fiduciario, el fideicomiso necesariamente conlleva la creación de un derecho real nuevo de propiedad o dominio fiduciario, diferente al dominio o propiedad plena o "tradicional". Así lo han previsto las legislaciones que incorporan el fideicomiso, creando una propiedad fiduciaria.

Este derecho real de propiedad o dominio fiduciario conlleva que se sea propietario para cumplir un encargo a favor de un tercero (el beneficiario), con las obvias obligaciones a favor de este tercero de rendir cuentas y entregar los activos cuando sea el momento. Esto es, es una propiedad para cumplir un fin, el fin establecido por el mandato fiduciario.

La propiedad perfecta u ordinaria puede caracterizarse como el derecho real completo y perpetuo de una persona sobre un bien, sin límite de tiempo ni restricciones. La regla es que el propietario disfruta de los bienes y dispone de los mismos. La propiedad fiduciaria es propiedad imperfecta porque: (i) está sujeta a un límite de tiempo, cuyo máximo varía entre las diferentes jurisdicciones pero suele estar en el orden un dos o tres décadas; y (ii) el fiduciario está sujeto a las limitaciones expresas que surgen del instrumento del fideicomiso y a las limitaciones implícitas que surgen del objeto del fideicomiso.

En relación con la clase de bienes que pueden ser objeto del contrato de fideicomiso cabe partir de la base que toda clase de bienes puede ser objeto de transferencia fiduciaria. De hecho, suele requerirse que el contrato de fideicomiso los identifique o incluya los requisitos o características de los bienes a aportarse. En esta línea, cabe destacar que si bien en el lenguaje coloquial las palabras propiedad y dominio se emplean como sinónimos, aludiendo específicamente al derecho real más extenso y más complejo que puede recaer sobre una cosa determinada, en un uso más estricto se reserva el término "dominio" para indicar el derecho real sobre una cosa, esto es, un objeto material susceptible de tener un valor, sea ésta inmueble o mueble, registrable o no registrable. Y, en rigor técnico, se utiliza el vocablo "propiedad" con un significado más amplio, que abarca no sólo al dominio en sí mismo (derecho real sobre una cosa) sino también a la titularidad de otros derechos reales, y aun de derechos personales o de crédito. En tal sentido, lo lógico es hablar de propiedad fiduciaria dado que los derechos inmateriales pueden ser objeto de fideicomiso.

2. DISPOSICIÓN O GRAVABILIDAD DE LOS BIENES

Dado que el fiduciario es el propietario de los bienes del fideicomiso, la regla general es que el fiduciario sí puede disponer o gravar los bienes del fideicomiso sin que sea necesario el consentimiento del fiduciante ni del beneficiario, salvo expreso pacto en contario. Claro que sujeto a que esto sea conforme los fines del fideicomiso. Por ejemplo, en un fideicomiso cuyo objeto es el desarrollo de un proyecto inmobiliario, se sigue que el fiduciario puede vender los inmuebles a terceros y hacerse de fondos que distribuirá entre los fiduciantes-beneficiarios. Desde ya, los fondos que ingresen por la venta serán parte del patrimonio fiduciario por subrogación real.

Cabe mencionar que en el caso en que se gravara o dispusiera más allá de las facultades del contrato o sin el debido consentimiento, el fiduciario incurriría en la responsabilidad civil y comercial, y según la jurisdicción, en responsabilidad penal.

La regla con los contratos de fideicomiso es la existencia de un amplio margen a la autonomía de la voluntad por lo que existe enorme flexibilidad para darle al negocio el perfil particular buscado por las partes. Es por ello, que en el caso de adquirirse bienes de un fiduciario es estrictamente necesario la lectura en detalle del contrato de fideicomiso para asegurarse que no está actuando fuera de sus facultades. Sin embargo, también es frecuente la regla que dispone que si las restricciones no estaban registradas en registros públicos como el registro de la propiedad inmueble, las mismas no serían oponibles al adquirente de buena fe.

Dicho de otra forma, la ley permite restringir las facultades del fiduciario en la medida en que sea funcional al cumplimiento del fin del fideicomiso. Si el cumplimiento del fin del fideicomiso requiere de una fuerte restricción a las facultades del fiduciario, no existe obstáculo a disponerlas. Por ejemplo, un fiduciario que debe alquilar el único inmueble del fideicomiso y luego de cierto período de tiempo transferirlo al beneficiario, conllevaría la imposibilidad de vender el inmueble. Asimismo, si el cumplimiento del encargo requiere o hace aconsejable que el fiduciario goce de amplitud en sus facultades, por ejemplo, para elegir las inversiones que entienda convenientes a su leal saber y entender, también es perfectamente posible.

3. DEFENSA DE LOS BIENES

Una de las principales responsabilidades del fiduciario es la de proteger y defender los activos del fideicomiso. No sólo porque un tercero pudiera pretender apropiárselos, sino por casos más comunes como es la necesidad de reclamar un crédito impago, sea por una locación, una venta o un préstamo, entre otros. En otras palabras, el fiduciario deber ejercer los derechos emergentes de la actividad fiduciaria. En este sentido, la regla es que el fiduciario, en su calidad de propietario de los bienes, está legitimado para iniciar todas las acciones defensa de los bienes (legitimación activa). La contracara es que el fiduciario es el legitimado pasivo de todas las acciones contra el patrimonio fiduciario, tales como el reclamo del pago de una deuda por el fideicomiso, un daño a terceros por un bien fiduciario, y cualquier otra acción que pudiera corresponder.

El fiduciario deberá evaluar según la clase de activos cuáles serán las correctas medidas de protección tanto de hecho como de derecho. En lo referente a las medidas de hecho la más obvia es la celebración de seguros por responsabilidad civil. Cabe mencionar que la contratación de seguros sobre ciertos bienes es obligatoria en muchas jurisdicciones, por ejemplo, para automotores. Otros ejemplos son una correcta política de seguros sobre bienes riesgosos y/o contratos derivados financieros que cubra los demás riesgos que podrían afectar riesgos de cambio o de tipo de interés. Un ejemplo obvio es el caso de fideicomisos de construcción que requerirán seguros de responsabilidad civil por los daños a terceros por la obra.

En síntesis, el patrimonio fiduciario se inserta en la vida económica, y como tal tendrá derechos y obligaciones, que podrán ser objeto de reclamo hacia o desde terceros, siendo el fiduciario el legitimado activo y pasivo de estas acciones.

4. CAUSALES DE LA EXTINCIÓN DEL DOMINIO FIDUCIARIO

Tal como ya hemos comentado, una característica del dominio fiduciario es que como regla general no es perpetuo. Incluso en el *Common Law* existe un principio contra las perpetuidades, que tiene excepciones en los fideicomisos de caridad y los *dynasty trusts*. En los países de tradición civil se fija un número máximo de años de duración. Asimismo, puede existir una excepción en el caso de fideicomisos a favor de incapaces determinando que en tal caso el fideicomiso durará hasta la muerte del incapaz, lo que no deja de ser un plazo más que razonable. Otra excepción puede ser el caso de fideicomisos para proyectos que necesariamente requieren de muy largos plazos, por ejemplo, proyectos forestales o proyectos de recomposición del ambiente que requieren de plazos de 30 años o más. Finalmente, una última excepción puede ser el caso de fideicomisos de beneficencia, que pueden estar eximidos del plazo máximo.

La primera razón obvia de extinción del fideicomiso es: (i) el cumplimiento del plazo establecido en el contrato o el plazo máximo legal; o (ii) el cumplimiento de la condición establecida en el contrato. En el caso de un contrato que exceda el plazo máximo legal, la regla general es que se considerará válido pero se limitará la duración al mencionado plazo máximo legal.

La segunda razón para la extinción del domino fiduciario es la revocación del fiduciante. Recordemos que la regla es que salvo expresa reserva por el fiduciario, el fideicomiso es irrevocable. Asimismo, la revocación no afectará los actos celebrados por el fiduciario. En otras palabras, el fiduciario podrá dar por terminado el fideicomiso solo de estar expresamente previsto en el contrato, y tal terminación será sin efecto retroactivo.

Destacamos que en el caso de fideicomisos testamentarios, dado que los mismos tendrán efectos luego de la muerte del causante, hasta que ellos no ocurran no hay fideicomiso, y el testamento podrá ser revocado o modificado en cualquier momento. En este caso no hay revocación de un fideicomiso sino un testamento que crearía un fideicomiso en el futuro frente a la muerte del causante.

Una tercera causal evidente es que el fideicomiso, y por ende la propiedad fiduciaria, esté sujeta a una causal de liquidación en el propio contrato, tal como el cumplimiento de cierto fin. Si bien en sentido jurídico estricto cuesta imaginar una causal que no sea un plazo (cierto o incierto) o una condición, entendemos que es importante destacar la libertad total para determinar el momento de extinción del fideicomiso como parte del encargo fiduciario a ser cumplido por el fideicomiso.

Finalmente, una causal que claramente no es simpática, pero que es de estricta necesidad que se prevea, es la insuficiencia de activos. Por mucha habilidad y buena voluntad del fiduciario en cumplir el encargo, si los bienes no son suficientes existirá una clara imposibilidad material. Las soluciones a este caso dependerán de las características del fideicomiso, si fuera un encargo simple con pocos activos, cabe asumirse una liquidación realizada por el propio fiduciario. Sin embargo, en el caso de fideicomisos de proyectos comerciales, se deberá analizar si el fideicomiso es un sujeto que puede concursarse, quebrarse o recurrir a otros institutos propios de la reestructuración de deudas e insolvencia comercial.

5. LA PROTECCIÓN DE LOS ACREEDORES DEL FIDUCIANTE

Dado que el fideicomiso es un patrimonio separado que no puede ser agredido por los acreedores del fiduciante, uno de los puntos que las legislaciones han dejado en claro es que la conformación de un fideicomiso no puede ser un medio para burlar a los acreedores. En tal sentido, los aportes al fideicomiso están sujetos a todas las acciones de protección de los acreedores de la legislación concursal, la acción pauliana, y las acciones de simulación y fraude.

Pero más allá de esta aclaración algo obvia, la práctica ha demostrado que la peor forma de evadir bienes es aportarlos a un fideicomiso. Si una persona desea insolventarse lo que hará es buscar disfrazar la realidad y simular una venta u otra clase de transferencia que permita que se pierda el rastro de sus bienes o que el activo quede en manos de un tercero que alegue buena fe diciendo que nada tiene que ver con quien buscó insolventarse. Quien desea perjudicar a sus acreedores busca que los bienes salgan de su patrimonio con las menores formalidades posibles. Por el contrario, el fideicomiso conlleva que existirá un fiduciario, que debe administrar los activos de forma profesional y llevar una contabilidad que le permita rendir cuentas al menos una vez al año, y que ante un pedido judicial o de un tercero deberá dar explicaciones con la mayor claridad. Es más, en el caso de un fiduciario profesional, se estará ante una obligación agravada de control y transparencia, y de un profesional que mal querrá tener un problema que afecte su buen nombre y honor. Justamente, uno de los puntos que analizará la Justicia es la independencia e idoneidad del fiduciario, y si por cualquier motivo considerara que el fideicomiso no tiene motivos valederos, se ordenará su revocación o inoponibilidad a los acreedores. En otras palabras, los bienes en fideicomiso están sujetos a mayor control y transparencia que los bienes que no lo están y muestran una obvia relación con las partes del fideicomiso, todo lo cual hace del fideicomiso un muy mal método para burlar acreedores.

Por su parte, cabe reiterar que es crucial que el fiduciario aclare siempre que actúa en su carácter de tal con el fin de que no quede involucrado su patrimonio propio. Ello en virtud de que si la situación no fuera expuesta claramente, la contraparte en el contrato podría pretender agredir el patrimonio propio del fiduciario basado en la confusión creada.

En lo que respecta a la acción pauliana, cabe destacar que el aporte a un fideicomiso puede ser de dos formas. En el caso en que el fiduciante decida que no será beneficiario en forma alguna, esto es no recibirá los productos o frutos o usará de los bienes aportados al fideicomiso ni tampoco los recibirá al finalizar el fideicomiso, sino que los beneficiarios serán terceros (generalmente sus hijos u otras personas de su estima), en tal caso el fideicomiso es un medio para concretar una donación. En otras palabras, el fideicomiso busca que ciertos bienes sean administrados en forma profesional por un fiduciario y que beneficien a terceros, sea mientras están en el fideicomiso o con posterioridad, por lo que el fiduciante nada recibe por su aporte al fideicomiso. Estamos frente a una donación diferida en el tiempo.

La segunda forma es la propia de los fideicomisos en que no se busca una donación sino constituir un vehículo para un negocio. En otras palabras, existen fideicomisos que son formas de organizar un negocio conjunto, que será administrado por el fiduciario, y que tendrá como aportantes de los bienes necesarios a los fiduciantes. En este caso, como sucedería con un aporte a una sociedad, si un acreedor quisiera ejercer su derecho contra el fiduciante, no podría ir en forma directa contra los bienes del fideicomiso, pero sí podría ejecutar el derecho como beneficiario del fiduciante, que desde ya tiene un valor económico que si el fiduciario realiza bien su tarea será superior al valor del aporte.

La distinción de estas dos situaciones es fundamental para determinar cómo y cuáles serán los requisitos esenciales para que sea procedente la acción pauliana. De existir un traspaso de bienes por un fiduciante a un fiduciario sin contraprestación, y que no sea de buena fe sino que tenga por fin de perjudicar a uno o varios de sus acreedores, se aplican las mismas reglas que para una donación fraudulenta. Esto es, son aplicables a una transferencia a un fideicomiso todos los remedios procesales y sustanciales propios de los actos de mala fe que buscan perjudicar a los acreedores. En línea con la aclaración realizada sobre la existencia o no de contraprestación por el aporte fiduciario, destacamos que el artículo 1297 del Código Civil[84] dispone que: "*Se presumen celebrados*

---

84 (TOL220.310).

en fraude de acreedores todos aquellos contratos por virtud de los cuales el deudor enajenare bienes a título gratuito. También se presumen fraudulentas las enajenaciones a título oneroso, hechas por aquellas personas contra las cuales se hubiese pronunciado antes sentencia condenatoria en cualquier instancia o expedido mandamiento de embargo de bienes."

En este caso se ve claramente como el legislador ve con claro disfavor el caso en que quien recibe los bienes nada da a cambio. En lo referente al fideicomiso, si no existió contraprestación, esto es el fideicomiso recibe el aporte y nada da a cambio, se trataría de un caso de "enajenación a título gratuito" a los fines de la acción pauliana, y como tal sujeta a menores requisitos para la procedencia de la misma. Asimismo, también sería el caso del beneficiario que recibe los bienes del fideicomiso sin obligación a su cargo a favor del fideicomiso.

Finalmente, en lo que hace a la ineficacia concursal de la transferencia de bienes a un fideicomiso, cabe destacar que ha sido objeto de amplio debate en la doctrina y jurisprudencia. El caso se da frente a bienes aportados a un fideicomiso por un fiduciante que luego es objeto de un proceso falencial. No estamos hablando del concurso o quiebra del propio fideicomiso sino la del fiduciante que realizó un aporte al fideicomiso, y luego el fiduciante se encuentra en una situación económico-financiera de imposibilidad de cumplir sus obligaciones con normalidad.

Cabe destacar que las normas que establecen la ineficacia de las transferencias a título gratuito realizadas hasta cierto plazo antes de la declaración de falencia son plenamente aplicables a los aportes fiduciarios no retribuidos, como cualquier donación. Asimismo, las transferencias de activos al fideicomiso que sí sean retribuidas, serán sujetas a revisión para determinar si fueron en condiciones razonables o si las mismas representan una simulación que bajo la apariencia de una operación comercial se encubría un empobrecimiento del concursado, como cualquier transferencia a título oneroso.

En otras palabras, los aportes a fideicomisos no son excepción a las reglas de recomposición patrimonial de los deudores falenciales. Dado que son plenamente aplicables a las transferencias fiduciarias hechas por fiduciantes que luego se concursan o quiebran los principios del proceso falencial que buscan, entre otros, el trato justo, equitativo e igualitario de los acreedores, para lo cual es necesario preservar la integridad patrimonial del fiduciario.

6. EFECTOS DE LA EXTINCIÓN DEL FIDEICOMISO

Cumplido el plazo o la condición a la cual se subordinó la existencia del fideicomiso, corresponderá la liquidación y terminación del mismo. En tal sentido, el fiduciario estará obligado a entregar los bienes fideicomitidos al beneficiario residual o fideicomisario (o a sus sucesores), otorgando los instrumentos y contribuyendo a las inscripciones registrales que correspondan. Asimismo, producida la transferencia de la propiedad corresponderá la rendición final de cuentas.

Sin embargo, en la práctica la entrega de los bienes lleva días y en casos de fideicomisos de gran volumen y diversidad de bienes, hasta meses o años. En virtud de lo dicho, lo lógico es que una vez que se cumpla con el plazo condición el fideicomiso no "desaparece" ni se confunde el patrimonio fiduciario con el patrimonio propio del fiduciario. Por el contrario, se inicia un período de liquidación en que el fideicomiso mantiene su vigencia, pero sólo para el cumplimiento de los actos necesarios para su terminación final. Al igual que con una liquidación de una sociedad o incluso en forma analógica al mandato, va de suyo que el fiduciario tiene la capacidad para dar cumplimiento hasta la finalización del fideicomiso al mandato fiduciario.

Capítulo IX: Contrato de fideicomiso

Tal como hemos explicado, el contrato de fideicomiso es el instrumento por antonomasia para la creación de un fideicomiso. Por ende, será el instrumento en el cual conste: (i) los activos que se transfieren o se comprometen a transferir, recordemos que el contrato de fideicomiso necesariamente implica la transmisión de propiedad del fiduciante al fiduciario; (ii) a quienes va a beneficiar, esto es, también se crea un derecho personal en favor del beneficiario existente o futuro; y (iii) la instrucción, mandato o encargo fiduciario. Esto último, también llevará determinar el plazo o condición en que tal mandato estará cumplido y se deberá iniciar la liquidación del fideicomiso.

De todos los caracteres de los contratos, nos interesa detenernos en sí el contrato de fideicomiso es gratuito u oneroso, dado que de este carácter se siguen diferentes consecuencias, y es tema muy particular en el caso del contrato que nos ocupa.

1. FORMA E INSCRIPCIÓN

Dado que el contrato de fideicomiso conlleva la transferencia de bienes, o como mínimo la obligación de transferirlos, es evidente la necesidad de que el contrato de fideicomiso, o los contratos que luego sean celebrados en consecuencia del mismo, respeten las formas necesarias para la transferencia de los bienes objeto del fideicomiso. El ejemplo más claro es el de un fideicomiso que involucre un inmueble. En este caso, o bien deberá respetar las solemnidades para la transferencia del citado inmueble en el propio contrato de fideicomiso, o el mismo sólo será un contrato preparatorio del instrumento que sí las respete (escritura pública posterior).

La pregunta ¿qué pasaría si los bienes transferidos fueran no registrables y no requirieran de forma alguna? Por ejemplo, la transferencia de efectivo, un caso cada vez menos común pero todavía válido. La respuesta es que existen países en que los fideicomisos son registrados en registros públicos, sin importar la clase de activos subyacentes con los fines de darle publicidad, fecha cierta y evitar toda discusión en el caso de discusiones en torno a la legítima, o con acreedores.

En síntesis, la regla es que el contrato de fideicomiso debe respetar las formas establecidas por el Derecho para la transferencia de los bienes que se aporta al fideicomiso. Asimismo, existen jurisdicciones en que se impone un requisito adicional, que es el registro de todo contrato de fideicomiso, incluso si el bien transferido no hubiera exigido una forma especial.

2. GRATUITO U ONEROSO

A los fines de analizar el contrato de fideicomiso es vital separar: (i) la obligación del fiduciario de prestar el servicio fiduciario y el consiguiente derecho a percibir su remuneración; de (ii) la transmisión de la propiedad fiduciaria. Este doble juego de derechos y obligaciones es característico del fideicomiso y debe ser comprendido para poder analizar los caracteres del contrato.

Ya hemos explicado que para que exista fideicomiso debe existir un fiduciario que acepte el cargo. Es con respecto a este punto que se debe destacar que el contrato de fideicomiso, se debe analizar en dos sentidos diferentes. El primero es la prestación de sus tareas por el fiduciario. El contrato puede ser: (i) oneroso, esto es, el fiduciario sí cobra por sus servicios; o (ii) puede ser gratuito, esto es, el fiduciario presta sus servicios sin cobrar con el deseo de ayudar al fiduciante. En las jurisdicciones en que existe libertad para ser fiduciario es normal que existan personas físicas que por amistad o parentesco presten un servicio fiduciario sin ser retribuido. Por el contrario, en las jurisdicciones en que los servicios fiduciarios sólo pueden ser prestados por profesionales, se asume siempre el servicio fiduciario es oneroso.

Lo dicho es totalmente independiente de si el fiduciante recibe una retribución por el aporte fiduciario. Si no recibiera retribución, por ejemplo, en el caso de un fiduciante que designa beneficiarios a sus hijos, entonces el aporte en sí será no retribuido o equivalente a una transferencia a título gratuito. Por el contrario, si el aporte fuera retribuido, por ejemplo, en un fideicomiso de desarrollo inmobiliario en que el aporte de dinero da derecho a recibir una unidad habitacional, en tal caso este aporte retribuido será equivalente a una operación a título oneroso. Tal como ya explicamos, esta presencia o ausencia de retribución por el aporte fiduciario determinará su encuadre frente a una acción pauliana o una inoponibilidad por concurso o quiebra del fiduciante.

3. PUNTOS QUE DEBE TRATAR EL CONTRATO DE FIDEICOMISO

El primero punto fundamental que el contrato de fideicomiso debe contener es la identificación o la forma de determinar a los beneficiarios. Si bien en un primer análisis podría parecer que nada tienen que ver, en la práctica este punto se vincula con el plazo del fideicomiso. En un fideicomiso de corta duración (que pueden ser años) cabe asumirse que se dirá en el contrato quién o quienes son los beneficiarios, utilizando nombre completo y algún documento de identificación. Destacamos que hoy en día, es habitual utilizar el número de identificación fiscal del país de residencia dado que el mismo es requerido por bancos y otros prestadores de servicios. En este caso se asume que el mandato fiduciario será de cubrir los gastos y realizar pagos a estos beneficiarios por un período de tiempo y luego se distribuirán los bienes. Pero en fideicomisos a más largo plazo, no es extraño que el fideicomiso busque beneficiar a quienes todavía no existen, por ejemplo, hijos o nietos de los beneficiarios, o a quienes cumplan ciertos requisitos (digamos el mejor estudiante de cierta institución educativa). En este caso, el contrato cumpliría con el mandato legal con solo establecer la forma de determinar a los beneficiarios, sin necesidad de identificarlos uno por uno al momento inicial.

El segundo punto fundamental, es la necesidad del contrato de identificar los bienes aportados o que se aportarán al fideicomiso. Nuevamente en este caso puede ocurrir que el aporte sea único al inicio y los bienes estén claramente identificados. Si son bienes fungibles se determinará cantidad y calidad, y de no ser fungibles, se identificará el bien en concreto, por ejemplo, con los datos catastrales de un inmueble. Pero podría ocurrir que los aportes sean a lo largo del tiempo. Típicamente en fideicomisos de construcción se hacen aportes mensuales a lo largo del plazo de la obra. Un ejemplo que se da comúnmente con fideicomisos testamentarios es el caso de los aportes de universalidades, o porciones de universalidades, como ser el 50% del acervo hereditario. En la medida en que al momento de la transmisión se puedan inventariar o describir detalladamente los bienes transmitidos, no existiría inconveniente.

El tercer punto fundamental es que el contrato debe contener el encargo, mandato, instrucción o manda fiduciaria en la forma más clara posible. Tal como explicamos, lo dicho se presenta relevante tanto para el fiduciante, pues está desprendiéndose de la propiedad de bienes para el cumplimiento de un objetivo que no desea ver frustrado por la falta de claridad; como para el fiduciario que asume la responsabilidad de llevar adelante ese objetivo y debe rendir cuentas de sus acciones. Un punto que el contrato debe prever necesariamente, y que está íntimamente ligado al encargo fiduciario, es el plazo o condición para iniciar la liquidación del fideicomiso, que por supuesto no podrá ser mayor que al plazo máximo legal. Ya hemos comentado al tratar el plazo máximo que de preverse un plazo superior el mismo se entiende limitado al plazo máximo legal.

Si bien ya no en el campo de los puntos fundamentales, un aspecto que debe incluirse en el contrato es la determinación del modo en que otros bienes podrán ser incorporados al fideicomiso. Puede existir el caso que el fiduciario original, con posterioridad al contrato de fideicomiso, pueda transmitir la propiedad fiduciaria de más bienes que los previstos originalmente. Asimismo, podría ser que un contrato tenga múltiples fiduciantes, pero que no todos ellos firmen el contrato en forma simultánea sino que se vayan sumando posteriormente. Se podría imaginar el caso de un fideicomiso en el cual el fiduciante original de nacimiento al contrato de fideicomiso y luego se le sumen otros fiduciantes, bajo condiciones pre establecidas adquiriendo ciertos derechos a cambio de su correspondiente aporte fiduciario. Asimismo, un tercer caso, seguramente el más delicado, es si el fideicomiso permite que otros fiduciantes que no sean los que participaron del contrato original se sumen. Entendemos que si no está expresa y claramente prevista la incorporación de nuevos fiduciantes esto no será posible, dado que se asume que el fiduciante crea el fideicomiso para cumplir con los fines que él o ella desean y no se admitiría que terceros cambien el encargo fiduciario ni los bienes del fideicomiso.

Dado que la propiedad fiduciaria es por tiempo limitado. El punto que se sigue de lo dicho es que se debe prever el destino de los bienes al finalizar el fideicomiso, esto es, se debe nombrar un beneficiario final o fideicomisario. Nuevamente aclaramos que nada impide que la misma persona sea beneficiaria a lo largo de la vida del fideicomiso y beneficiaria final o fideicomisario. Si se llegara al caso en que por circunstancias excepcionales no se pudieran entregar los bienes al fideicomisario ni a sus sucesores, se deberá consultar al fiduciante. Si no fuera posible consultar al fiduciante (por ejemplo, por haber fallecido) y del contrato no surgiera criterio alguno para resolver la situación, se deberá entregar los bienes a los herederos del fiduciante persona física o continuadores del fiduciante personas jurídicas. Si esta última posibilidad tampoco fuera posible, nos encontraríamos frente a una *res nullius* y se deberán aplicar las reglas respectivas. De hecho, es práctica habitual que los contratos de fideicomiso se prevea una institución de caridad para el caso en que no existiera ningún beneficiario ni se conociera a quien entregar los bienes.

Finalmente, el contrato de fideicomiso debe prever los derechos y obligaciones del fiduciario y el modo de sustituirlo si cesara, lo que hemos comentado en el capítulo referido al Fiduciario.

4. ÓRGANOS DEL FIDEICOMISO

A diferencia de una sociedad cuyo organigrama está definido por ley (léase directorio, asamblea, etc.) un fideicomiso no tiene una estructura organizativa interna definida. Sin embargo, esto no es óbice a que, respondiendo a las características particulares del fideicomiso y sus participantes, se recurra a un organigrama interno.

De hecho, la existencia de cuerpos u órganos de un fideicomiso es una práctica corriente muy aconsejable, y una verdadera necesidad en el caso de fideicomisos con múltiples fiduciantes-beneficiarios, especialmente si los mismos no tienen previsto un alto involucramiento en el proyecto que llevará adelante el fideicomiso. Los ejemplos de órganos de un fideicomiso que han surgido de la práctica son los siguientes.

En primer lugar, cabe mencionar el comité de beneficiarios. Existe multiplicidad de casos en los que el fiduciario, necesita tomar decisiones en torno a la administración de los bienes y es muy engorroso, costoso o simplemente imposible reunir a todos los beneficiarios en asamblea para consultarnos. Adicionalmente, se puede dar el caso en que uno o varios beneficiarios cuenten con una calificación o conocimiento especial que pueda ser de utilidad al proyecto, por ejemplo, el caso de un ingeniero o arquitecto en relación con un fideicomiso de construcción o un ingeniero agrónomo en un fideicomiso agrícola o ganadero.

En casos como los comentados en el párrafo anterior, se debe analizar la constitución de un comité de gestión o comité de beneficiarios que emita opiniones, vinculantes o no, para el fiduciario. Este comité generalmente estará conformado por los inversores de mayor participación en el fideicomiso que actuarán personalmente o a través de representantes. La flexibilidad de la figura del fideicomiso, basado en la autonomía de la voluntad más que en normas de orden público, permite pensar en un comité "a medida" de sus integrantes. Por ejemplo, se puede dar el derecho al comité de vetar toda compra o contratación superior a cierto monto, o el derecho a pedir una rendición de cuentas de cada operación particular, en la existencia de miembros con voz, pero sin voto, con miembros con diferentes cantidades de voto, entre otras varias alternativas.

El segundo órgano que se podría pensar es el del operador. En especial en fideicomisos que instrumentan proyectos agrícolas, forestales, de construcción o ganaderos, el fiduciario puede conocer de su actividad, esto es, recibir aportes, administrar activos financieros y rendir cuentas, pero no del negocio subyacente del fideicomiso. Asimismo, los mismos fiduciantes que crean el fideicomiso desean que quien lleve a cabo el desarrollo del proyecto sea otra persona que es un conocedor de la materia. Esta persona física o jurídica que se obliga a hacer todo lo necesario para implementar el proyecto conociendo los aspectos técnicos en la materia es el operador. Vemos entonces un desdoblamiento de la administración, el fiduciario (digamos un banco) recibe los aportes de los fiduciantes, lleva la contabilidad, aplica los activos según pedidos del operador, y rinde las cuentas. Y el operador es el que contrata proveedores, los controla, determina las decisiones del área técnica (en dónde sembrar, qué sembrar, etc.). Obviamente, la figura del operador no es necesaria en el caso de fiduciarios especializados en cierta materia. El ejemplo típico son los fiduciarios que sólo desarrollan proyectos inmobiliarios y que cuentan entre sus socios y personal arquitectos e ingenieros.

El órgano más importante en todo fideicomiso con múltiples fiduciantes o beneficiarios es la asamblea de beneficiarios. La importancia de prever las cláusulas contractuales que regulen esta clase de asambleas es que si el contrato nada dice, la regla para modificar el contrato de fideicomiso será la necesidad de concurrencia de todos los beneficiarios y su decisión unánime. Por obvias razones, cuanto mayor el número de beneficiarios, su dispersión geográfica (en el ámbito nacional o internacional), y su dificultad para ser contactados, mayor será la importancia de las reglas que regulen el quorum (cantidad mínima de beneficiarios para constituir válidamente la asamblea) y las mayorías. La idea subyacente es que, dentro de un marco de razonabilidad, el fiduciario tenga reglas claras que le permitan consultar a los beneficiarios y obtener una respuesta, y para modificar el contrato en forma acorde. Desde ya nada impide que el contrato prevea otros medios para formar la voluntad de los beneficiarios que van desde la consulta por carta a los mismos, hasta la celebración de asambleas en el exterior o por medios digitales, incluyendo la celebración de asambleas por clases, designación de apoderados *ad hoc*, etc.

La práctica ha demostrado contundentemente que la falta de cláusulas de modificación de los fideicomisos por mayorías, calificadas o no, es un verdadero obstáculo al desarrollo del proyecto, especialmente en un ambiente en el cual las reglas se modifican en forma drástica y constante como en proyectos de base tecnológica. Otros ejemplos son grandes proyectos de construcción que requieren de tomar decisiones de enorme peso frente a cambios de mercado. No sólo son cláusulas convenientes, su falta puede determinar que el proyecto quede imposibilitado de hacer los cambios necesarios para su superivivencia.

Finalmente, una figura que se ha mostrado muy relevante en la financiación de proyectos instrumentados con fideicomisos es el auditor técnico. En el caso que el fideicomiso: (i) recibiera fondos de varios fiduciantes y que no fueran conocidos o parientes; y (ii) tuviera por objeto un negocio del cual el fiduciario no contara con el conocimiento y los medios materiales para controlarlo, sin lugar a dudas el fiduciario debería recurrir a un tercero que le merezca su confianza que audite el correcto desarrollo de la actividad objeto del fideicomiso. Este tercero debe realizar el control con los conocimientos y medios técnicos adecuados. Digamos que de ser un fideicomiso de construcción sería un estudio de arquitectura o ingeniería, y de ser un proyecto agrícola sería un estudio de ingeniería agrónoma. En otras palabras, si se recurre a fondos de fiduciantes que no son conocidos ni parientes, y el proyecto involucra una rama de la actividad económica que no es del dominio del fiduciario, entonces lo lógico es que el fiduciario contrate a un auditor técnico. Lo dicho es especialmente importante cuanto mayor la complejidad y envergadura del proyecto del fideicomiso.

En el caso de existir el auditor técnico podrá tener la función de auditar las tareas del operador, y más importante, evaluar el estado y la valuación de los bienes del fideicomiso. Por ejemplo, si se ha sembrado o no y si se lo ha hecho en el momento y forma adecuada, si los árboles de un fideicomiso forestal tienen la biomasa esperada, si el ganado de un fideicomiso ganadero engorda en la forma estimada en el plan de negocios, etc. Un ejemplo clásico que cabe traer a colación es el del auditor técnico en materia de construcción, una de sus funciones más tradicionales es controlar que se cumplan con los estándares de seguridad y comprobar que se ha cumplido con el porcentaje de avance necesario para el pago de un certificado de avance de obra a la empresa constructora. Otro ejemplo es el caso de auditorías de proyectos de captura de créditos de carbono llevados adelante por fideicomisos, en que es necesaria esta auditoría para poder acreditar la captura de carbono que dé lugar a la emisión de los créditos. Con el fin de evitar toda ambigüedad en lo atinente a las funciones de auditor técnico es recomendable contar con un plan de tareas que el mismo deba cumplir y un detalle de las opiniones y los momentos en que las debe emitir.

Finalmente, cabe comentar que la enumeración de posibles órganos del fideicomiso no pretende ser exhaustiva sino meramente ilustrativa, justamente, la belleza de la figura del fideicomiso es la posibilidad de ser amoldada al proyecto particular y las necesidades de los participantes, pudiendo crear la que las partes entienden adecuadas.

Capítulo X: Fideicomiso De Administración

Una clara ventaja del fideicomiso es su ductilidad para adaptarse a los fines que busquen los fiduciantes. Es por ello que tratar de enumerar todos los posibles fines por los cuales se podría crear un fideicomiso es una tarea destinada al fracaso, y por ende, no es lo que pretendemos en este capítulo. Ya hemos mencionado fideicomisos para proyectos inmobiliario, agrícolas, ganaderos, forestales y se podría agregar de desarrollo de proyectos mineros, industriales, de desarrollos de biotecnología, tecnológicos y de prestación de servicios. Al sólo efecto ilustrativo en este capítulo nos referiremos a los fideicomisos para inversiones de capital de riesgo (*venture capital*).

Lo que sí entendemos valioso es clasificar las diferentes clases de fideicomisos según su finalidad dado que el régimen jurídico y la práctica son diferentes. La primera y más obvia es la distinción de fideicomisos que buscan la creación de un patrimonio para la administración de bienes o para garantizar una obligación del fiduciante, el beneficiario o un tercero. A los primeros se los denomina fideicomisos de administración y serán el objeto de este capítulo, y a los segundos se los llama fideicomiso en o de garantía, y serán objeto del siguiente capítulo.

Los fideicomisos de administración pueden a su vez dividirse en dos grandes clases, aquellos fideicomisos que entrañan una liberalidad o, dicho con otras palabras, un acto con el fin de beneficiar a terceros, y aquellos otros, que buscan organizar un negocio con el fin de obtener lucro. Los fideicomisos cuya razón de ser es una liberalidad son una forma de donación cuya particularidad consiste en que en vez de agotarse en un único acto que transmite un bien, la actividad se prolonga en el tiempo en que dura la administración del bien a favor del beneficiario. Sin embargo, esta particularidad no lo exime de cumplir con la normativa atinente a actos a título gratuito, como por ejemplo, las normas atinentes a donación en vida y legítima hereditaria, y el rigorismo en las formas del acto. Tal como explicamos al comparar el fideicomiso y el *trust* esta es la clase de fideicomiso más utilizado en los países del *Common Law.* Son ejemplos tanto los fideicomisos de los padres a favor de sus hijos (o nietos) como los fideicomisos a favor de sujetos indeterminados pero determinables: sea una beca para los mejores promedios de determinada universidad, o el aporte para el desarrollo de una obra caritativa como la investigación científica de determinado tema. En estos fideicomisos, tal como ya se comentara, los fiduciantes no son ni beneficiarios ni fideicomisarios del fideicomiso, dado que justamente el fiduciante busca beneficiar a terceros. Asimismo, de serles aplicables las reglas de la acción pauliana o la ineficacia concursal, lo serán con mayor rigor dado que el fiduciante se está deprendiendo de bienes sin retribución alguna.

La segunda clase de fideicomisos de administración son los fideicomisos constituidos con ánimo de lucro o fideicomisos como vehículo jurídico de una actividad comercial. En estos fideicomisos los fiduciantes son beneficiarios, dado que justamente lo que se busca es que con el aporte de bienes al fideicomiso se gane un derecho. Por ejemplo, a utilidades del negocio, a unidades que se construyan, o al uso de bienes de propiedad del fideicomiso. Esta clase de fideicomisos son el vehículo ideal para estructurar jurídicamente proyectos de inversión de bajo monto por su versatilidad, la existencia de limitación de la responsabilidad de los participantes y la posibilidad de aislar el proyecto de las contingencias personales de los inversores.

Un ejemplo de fideicomiso de administración que ha tenido especial análisis y aplicación práctica es el caso de fideicomisos que son titulares de acciones que están afectada a un *stockoption* plan. Entendemos por *stockoption plan* un esquema de remuneración dispuesto por una empresa según el cual, directivos, principales empleados y/o proveedores de la misma son retribuidos por su trabajo en forma variable con opciones de compra de acciones de la propia empresa o de la casa matriz de la misma, que podrán ser ejercidas a un precio fijo en la medida en que se cumplan ciertas condiciones. Existe una serie de elementos que pueden configurarse para diseñar el plan que mejor se ajuste a los objetivos de la *empresa:* (i) la cantidad total de acciones que podrá ser adquirida; (ii) el plazo que gatillará la posibilidad de ejercer las primeras opciones que suele ser un año y se denomina "*cliff*"; (iii) cuántas acciones podrán ser adquiridas luego de cumplido el *Cliff*, que usualmente es el 25% del total; (iv) cuánto tiempo durará el plan. Tal como ya dijimos, el plazo tradicional es el de 1 año de *cliff*, al final del cual se pasa a tener derecho a ejercer la opción sobre el 25% de las acciones, y luego 3 años durante los cuales cada mes se pasa a tener derecho a ejercer una parte proporcional de las acciones restantes; (v) el plazo durante el cual luego de adquirido el derecho se podrá ejercer esta opción que suele durar hasta 9 años; y (vi) si este derecho se ve mejorado o perjudicado ante un evento de liquidez, esto es, la fusión de la compañía, su compra por un tercero o la oferta pública inicial o *IPO* por sus siglas en inglés. Con el fin de dar certeza a los participantes del *stockoption plan*, se puede crear un vehículo legal con fin específico de tener estas acciones, siendo el fideicomiso la elección obvia por ser una forma de asegurar que los activos del mismo se destinen a un fin determinado.[85] En otras palabras, si las acciones que podrían se compradas por los empleados están en un fideicomiso, esto da tranquilidad a los mismos que cuando ejerzan su derecho las acciones estarán disponibles.

---

85 Para un análisis del uso de fideicomisos como holding de acciones de planes de participación de empleados en España ver: Tomás Martínez, G. (2014) "En busca de una alternativa al trust para articular planes de participación financiera: Employee Stock Ownership Plans (ESOPS)", Cuadernos de Derecho Transnacional, Vol. 6, N° 2, 255-289, ISSN 1989-4570–www.uc3m.es/cdt.

1. FIDEICOMISO DE ADMINISTRACIÓN Y SOCIEDAD

La pregunta obvia es porque no utilizar una sociedad en vez de un fideicomiso, y la respuesta más clara que se podría pensar es que una sociedad es para desarrollar una actividad existiendo *affectio societatis* mientras que un fideicomiso es para un proyecto puntual sin que los fiduciantes tengan ninguna intención de conocer ni compartir otra cosa con los demás fiduciantes que no sea la participación en este proyecto puntual. A diferencia de una sociedad en la cual los socios o accionistas no tienen el poder de determinar a qué proyecto se direccionarán los fondos, en el fideicomiso el fiduciario debe cumplir el mandato y desarrollar el proyecto puntual, rindiendo cuentas una vez por año.

A lo dicho se puede agregar la mayor versatilidad legal del fideicomiso, sobre lo cual ya comentamos al tratar los órganos y figuras del fideicomiso y en los aportes al fideicomiso, pero que cabe ampliar considerando estos puntos. Las participaciones en las sociedades son representadas por medio de cuotas o acciones que dan voto y dividendos proporcionales. Si bien existe el voto múltiple y las acciones con dividendo preferido, en general, ambas son vistas con disfavor. El fideicomiso otorga una mucho mayor flexibilidad pudiendo cada fiduciante tener un derecho y representación a medida. Este aspecto es fundamental, nos referimos a la posibilidad de que diversos inversores (fiduciantes-beneficiarios) tengan diferentes derechos. Pero no nos referimos a un derecho mayor a dividendos por tener más participación sino a lisa y llanamente diferentes clases de inversiones que se diferencien por motivos que no son la cantidad de votos o la cantidad de dividendos por cada unidad de valor nominal. Asimismo, estos diferentes derechos como beneficiario generalmente se vinculan con diferentes obligaciones como fiduciante, lo que da perfiles completamente diferentes de inversores. Ilustraremos nuestro punto con un ejemplo de fideicomiso de construcción. Habrá quienes aporten al fideicomiso en su inicio para la compra de un inmueble para refaccionar, y una vez comprado y aprobada la refacción por las autoridades, estarán quienes sean fiduciantes de los fondos para compensar a los fiduciantes originales (que se retirarán) y para hacer la refacción, siendo beneficiarios de un piso.

En varias jurisdicciones la aprobación de un dividendo sólo es posible si existen "utilidades líquidas y realizadas", lo que a su vez presupone un balance que muestre estas utilidades y sea aprobado por una asamblea. Esto no es un requisito en los fideicomisos. Los pagos de dividendos son para todas las clases de acciones, mientras que en un fideicomiso ser podría disponer que ciertas utilidades sean sólo para ciertos aportantes. En el caso de los aportes en especie a sociedades, los mismos son engorrosos y siempre sospechosos existiendo restricciones para los aportes de servicios. Por su parte, los aportes con prima son vistos con disfavor y deben fundarse en valores contables y no pueden establecerse diferentes primas en una misma emisión. Los pactos de accionistas son vistos con disfavor y tienen limitaciones, no pudiendo crear órganos diferentes a los previstos en la ley para las sociedades. Existe una asamblea anual obligatoria que debe cumplir cierto procedimiento, que podría no existir o ser reemplazada por una consulta en el caso del fideicomiso.

En síntesis, a diferencia de una sociedad, hay amplia libertad para acordar la participación de los fiduciantes en un fideicomiso que pueden ser aportes de bienes o servicios, es perfectamente posible acordar que cierta clase de beneficiarios reciba el resultado de una actividad particular o de un bien determinado, o que cobre antes que el resto o que cobre sin considerar cierto costo. Un ejemplo muy común es crear una clase de beneficiarios que reciba la renta y resultado por venta de cierto inmueble, y otra clase de beneficiarios que reciba la renta y resultado por venta de otro inmueble, ambos inmuebles de titularidad del mismo fideicomiso que tendrá varias clases de fiduciantes.

En lo que hace a la administración o gobernanza del fideicomiso ya se explicó que se podría prescindir de todo órgano o se podría crear órganos *ad hoc* como el comité de beneficiarios, insistiendo que no existe la obligación de una asamblea anual y hasta pudiéndose prever mecanismos tales como la consulta por nota.

En el próximo apartado vemos el caso de los vehículos de inversión en capital privado (*private equity*), esto es, inversiones en sociedades que no cotizan en bolsa, y de capital de riesgo o emprendedor (*venture capital*) para ilustrar lo dicho en materia de versatilidad de fideicomisos.

2. EL CASO DE LOS VEHÍCULOS DE LAS INVERSIONES EN *PRIVATE EQUITY* Y *VENTURE CAPITAL*

Estos vehículos de inversión son necesarios para formar un patrimonio separado al cual aportan los inversores, en nuestro caso serán fiduciantes-beneficiarios. y que es administrado por el fiduciario. En este caso el mandato fiduciario sería seleccionar empresas (*startups* si es *venture capital* y empresas más desarrolladas si fuera *private equity*); determinar el monto a invertir y el porcentaje de capital que se obtendrá como contraprestación y hacer el seguimiento y consejo de la empresa, pudiendo participación en el gerenciamiento de la empresa invertida con mayor o menor involucramiento.[86]

En este ejemplo, el fideicomiso debería admitir que los fiduciantes se comprometan a aportar cierta suma de dinero (denominados en inglés "*capital commitments*") pero que los aportes efectivos sean cuando el fiduciario determine. Estos llamados

---

[86] Para un muy ameno relato de la evolución del *venture capital* de en los Estados Unidos comenzando con las excursiones balleneras de New Bedford (Estados de Massachusetts), pasando por el desarrollo en Boston (también Estado de Massachusetts), y llegando al Silicon Valley en California, ver: Nicholas, T. (2019) *VC: An American History*, Harvard University Press.

para aportar capital (denominados en inglés "*capital call*") serán cada vez que el fiduciario determine que existe una oportunidad de inversión. Lo que se busca es que el fideicomiso no tenga fondos ociosos a la espera de oportunidades de inversión. Esta forma de integrar los aportes conlleva el riesgo que cuando sean requeridos los fiduciantes, no hagan sus aportes e incumplan, y este punto debe ser previsto. Típicamente, se dispone que ante la falta de cumplimiento, esto es, si se le pide que integre un monto comprometido y no lo hace, el fiduciante pierde todo lo que haya aportado al fideicomiso hasta ese momento.

Como no podría ser de otra forma, el fideicomiso tiene un plazo máximo luego del cual se liquidará. En este caso el plazo será de entre 7 y 10 años, prorrogable por el fiduciario, y de existir con la aprobación de un comité de inversores, en una o varias veces pero nunca por más de 1 año cada vez y hasta 3 veces. El motivo de la elección de estos plazos es porque se asume que es el tiempo necesario para realizar una inversión, que madure y vender la misma, sea por una oferta pública inicial de la empresa (*IPO* en inglés por *Initial Public Offer*) o realizar una venta a un tercero. Las previsiones de prórroga son para casos en que ya se esté en negociaciones y se necesite algo más de tiempo. Claramente se ve cómo la versatilidad del fideicomiso permite adecuar las condiciones, en este caso el plazo y su prórroga, a las necesidades del negocio.

En lo que hace a la posibilidad de tener diferentes clases de fiduciantes-beneficiarios en el caso concreto de los fideicomisos de capital de riesgo, la diferencia más utilizada es la preferencia en caso de liquidación. Esto significa que en caso de liquidación del fideicomiso por la venta de las sociedades en que ha invertido no todos los participantes cobran a prorrata sino que algunos recuperan el total de su capital invertido, para luego recuperar otra clase, y sólo en ese momento cobrar a prorrata. Esto busca que si hay suficiente para repagar a todos, sí cobren todos, pero si no alcanza habrá una clase de fiduciantes que sí recuperará su capital y otra que no, o sólo lo hará parcialmente.

Otro aspecto para destacar en los fideicomisos de capital de riesgo es la versatilidad en determinar cuándo y qué cantidad de fondos se distribuirán a los fiduciantes. Este punto es la contracara de los *capital calls*, que ya hemos explicado, porque así como no tiene sentido tener fondos ociosos esperando a ser invertidos, tampoco lo tiene tenerlos luego de una venta esperando a ser distribuidos. En ambos casos sería una pérdida de rentabilidad y baja de la performance del fondo. Esta posibilidad de que vendida una empresa el fideicomiso pueda distribuir ágilmente aquello que el administrador del fondo entiende ya no necesitará se muestra especialmente sensible en la competencia con otros fondos por la mejor performance. Recordemos que finalizado un fondo o pronto a finalizarse el administrador querrá comenzar a comprometer aportes para un nuevo fondo y para ello su mejor herramienta será el rendimiento obtenido por los participantes del fondo que está terminando.

El fideicomiso provee flexibilidad en materia de retribución del fiduciario. Recordemos que los administradores de fondos de venture capital cobran un *fee* anual sobre el total del monto invertido y un *fee* de éxito sobre el resultado obtenido (*carried interest*). En esta línea, el contrato de fideicomiso permite establecer un honorario fiduciario complejo, que se calcule tanto sobre el conjunto de los activos del fideicomiso, digamos un 2% anual de los mismos, como sobre los rendimientos obtenidos. Típicamente en la administración de acticos de riesgo sería el 20% de la ganancia por la venta de los activos. No existe óbice a que se incluyan todas las condiciones comerciales que se considere más adecuadas tales como incluir una tasa de indiferencia o rendimiento mínimo hasta alcanzado el cual no se cobre honorario de éxito, o aclarar los aspectos relativos a la base de cálculo del 20%. Esto es, si el cálculo es sobre activos o patrimonio neto, si a la base de cálculo se suman los fondos ya requeridos no aportados o los comprometidos no aportados, etc.

A modo de nota de color, cabe mencionar que la expresión *carried interest* se originó en el Siglo XVI y se debe a que así se denominaba al derecho de quien comandaba un viaje ultramarino de recibir el 20% de los bienes transportados (*carried*) mientras que quienes aportaban el capital de riesgo recibían el 80% restante.

Tal como ya hemos explicado al tratar los órganos del fideicomiso, es perfectamente posible que el fideicomiso prevea un comité que sea el responsable de seleccionar las empresas a invertir y que, de ser parte del mandato fiduciario, sean directores o tengan otros cargos en las empresas invertidas. En otras palabras, no sólo no hay limitación para que el fiduciario contrate a un tercero para desarrollar este rol, sino que puede estar prevista la creación de comités u órganos del fideicomiso con diferentes facultades para cada uno de sus miembros. Esto permite manejar en forma eficiente los aspectos vinculados a las personas clave en la elección de empresas a invertir (en inglés "*key person*") y que son los que llevan a los inversores a elegir ese fondo en particular. Asimismo, se puede prever las reglas de qué ocurre si alguna de las mismas no puede o no quiere desarrollar más su tarea.

En lo que hace a los Estados Unidos, cabe destacar que si bien existen fideicomisos que tienen por objeto la inversión en *venture capital*, la estructura legal más utilizada es la de la *limited partnership*. Las razones son: (i) las *limited partnership* tienen dos clases de socios, los *limited partners* que son inversores pasivos sin administración del negocio, y un *general partner* que sí administra el negocio cobrando un honorario por ello; y (ii) la enorme flexibilidad de esta clase de sociedad que permite incorporar todos los aspectos ya explicados. Recordemos que la *limited partnership* tal como las conocemos hoy tienen una larga historia en los Estados Unidos. Nacieron en Nueva York a principios del Siglo 19. Más precisamente el 17 de abril de 1822 el Estado de Nueva York dictó la primera ley regulando las *limited partnership*, (Act of April 17, 1822, ch. 244, 1822 N.Y. Laws 259), y el 16 de diciembre de ese mismo año se presentó la primera *limited partnership* para su registro. Luego del Estado de New York los demás Estados adoptaron esta figura, en particular lo hizo el Estado de Delaware, en el cual se crean la mayoría de las *limited partnerhships* como vehículos de *venture capital* (*Act of June 25, 1973*, ch. 105, 59 Del. Laws 192, 1973). Se partió de la base de la sociedad en comandita simple del Derecho francés,[87] con el fin de servir de vehículos legales para inversores que buscaban la administración de ciertos activos por un tercero. Esto es, como vehículos para la inversión de riesgo, por lo que no llama la atención que sea la forma jurídica más utilizada. Pero en jurisdicciones en las cuales las *limited partnership* no se han desarrollado, dado que las sociedades en comandita no tienen ni la versatilidad ni la práctica en la materia, es el fideicomiso la figura más utilizada por las ventajas ya explicadas.

3. LA *TOKENIZACIÓN* DE ACTIVOS

El Reglamento MiCA (*Markets in Crypto Assets*)[88] define en su art. 3 a los *criptoactivos* como "*una representación digital de un valor o de un derecho que puede transferirse y almacenarse electrónicamente, mediante la tecnología de registro distribuido o una tecnología similar*". Por su parte, la tokenización es la representación de un bien en una ficha (o en inglés, *token*). Para una definición más completa, se puede recurrir a Aldasoro, Doerr, Gambacorta, Garratt y Koo Wilkens quienes explican que: "*La tokenización es el proceso de registrar derechos sobre activos reales o financieros que existen en un libro*

---

87 Hilt E. y O'Banion K. E. (2008); *The Limited Partnership in New York, 1822-1853: Partnerships without Kinship*; NBER Working Paper No. 14412, JEL No. K2, N81.

88 Nos referimos al Reglamento (UE) 2023/1114 del Parlamento Europeo y del Consejo, de 31 de mayo de 2023, relativo a los mercados de criptoactivos y por el que se modifican los Reglamentos (UE) n.o 1093/2010 y (UE) n.o 1095/2010 y las Directivas 2013/36/UE y (UE) 2019/1937. (TOL9.594.946). Todas las citas de normas son con respecto a las vigentes al 22 de junio de 2025.

de contabilidad tradicional (…)."[89] En otras palabras, al representar un activo en una ficha (*token*), por ejemplo una onza de oro, la transferencia de ese token conllevará la transferencia del activo subyacente, en nuestro ejemplo, la onza de oro.

Esta representación en fichas (criptoactivos registrados en redes) puede ser de: (i) monedas tradicionales (o *fiat*), lo que se llama los stablecoins, en los cuales una ficha representa un Euro, un Dólar estadounidense o cualquier otra moneda; (ii) activos físicos, como puede ser una tonelada de soja (no es un caso abstracto, sino que ya existe), una vaca (también un caso real), un metro cuadrado de un inmueble (otro caso real más), y un larguísimo etcétera; y (iii) bienes inmateriales como la propiedad intelectual.

Las ventajas de la tokenización son la reducción de costos y tiempos de transacciones, lo que a su vez permite negociar porciones más pequeñas o fraccionadas de un activo llegando a un público más amplio. El caso más claro es el de propiedades de inmuebles que pueden venderse por metro cuadrado, algo impensable en una copropiedad tradicional. La segunda ventaja es la programabilidad de estas transferencias y su mayor facilidad de liquidación especialmente cuando hay personas de varias jurisdicciones involucradas.

Redes tecnológicas para creación de fichas

Existen diferentes clases de redes de *blockchain* que permiten la creación de fichas. Las más conocidas son las redes públicas no permisionadas como Bitcoin y Ethereum cuya obvia ventaja es la importante cantidad de nodos que registran transacciones

---

[89] Aldasoro I., Doerr S., Gambacorta L., Garratt R. y Koo Wilkens P. (2023), *The tokenisation continuum*, Boletín del Bank for International Settlements 2023 (BIS) Nro. 72, disponible en chrome-extension://efaidnbmnnnibpcajpcglclefindmkaj/https://www.bis.org/publ/bisbull72.pdf

controlados por diferentes personas (amplia descentralización) pero con la obvia desventaja de la cantidad de tiempo que lleva cada transacción. Sobre estas redes se han montado una segunda capa o plataformas que buscan mayor agilidad y automatización, incluidas transacciones más rápidas, más baratas y más convenientes, que permiten el uso de contratos inteligentes y la agrupación de transacciones, esto es, la llamada "componibilidad". Estas nuevas formas de ejecución de contratos pueden potencialmente expandir el universo de posibles resultados de contratación, permitiendo transacciones que actualmente son inviables ya sea por problemas de incentivos o de información. Son ejemplos, Polygon (*polygon.technology*) sobre la red de Ethereum y Liquid Network (*liquid.net*) sobre Bitcoin, que suman funcionalidades a las citadas redes.

Por otra parte, existen redes públicas permisionadas, un claro ejemplo es Hedera (*hedera.com*) que posee un número menor de nodos todos permisionados pero de mayor nivel de confianza y que permite una mayor rapidez en las transacciones, ayudando a la escalabilidad de la cantidad de operaciones a registrarse. Cabe destacar que el punto de ser permisionada es porque no cualquiera puede actuar como nodo registrador (en la jerga denominado *minero*) de las transacciones. Pero no quiere decir que exista una restricción al acceso a la información de la red, dado que cualquier persona (o algoritmo) puede acceder a la información contenida en la red, incluyendo el historial de transacciones y podría verificar la integridad de la red. A diferencia de la dinámica de las redes privadas, como Corda (que utiliza, por ejemplo, el *Exchange* suizo Six–https://r3.com/products/corda/) o Hyperledger, en las cuales la información que se asienta en la red es únicamente accesible por determinados y limitados actores participantes. Otras redes públicas permisionadas como Lacchain (*lacchain.net/home*) liderada por el Laboratorio de Innovación del Grupo del Banco Interamericano de Desarrollo (BID Lab), o las redes utilizadas para la emisión de monedas *fiat* vía *blockchain* (no nos referimos a *stablecoins* sino a que los Banco Centrales emitan las monedas en *blockchain*). Hay quien ha visto cierta contradicción en este último caso dado que la lógica de *blockchain* es ser un registro distribuido y no centralizado, y en este caso existiría un número limitado de nodos todos controlados por la misma persona.

Relevancia del Fideicomiso

La pregunta es: ¿qué puede aportar el fideicomiso? Desde la estructura jurídica para la *tokenización*, dependerá del activo que se desea *tokenizar*. Obviamente, no será la mismo *tokenizar* la propiedad de un inmueble que un crédito contra una sociedad. Dicho esto, el fideicomiso se muestra una figura ideal porque permite *tokenizar* toda clase de activos (desde inmuebles hasta propiedad intelectual) dado que se puede representar con fichas la participación en el mismo (que a su vez representaría el activo subyacente). De hecho, fue la estructura jurídica elegida por la *tokenización* de *commodities* agropecuarios en varios países, y podría utilizarse para cualquier otro activo, y es la estructura que varios reguladores ha elegido.

En otras palabras, el activo que se desea representar en fichas es aportado a un fideicomiso, el que emite un certificado de participación o similar, y da la certeza que este certificado efectivamente se correlaciona con el activo que la ficha representa. De esta manera, el fiduciario tiene por encargo tener y conservar en buen estado el activo, en la medida en que quien hizo el aporte no se lo solicite devuelta. Quien hace el aporte será un fiduciante (aporta el activo) y será beneficiario y fideicomisario (se beneficia del activo y tiene derecho a recibir el mismo). Mientras el activo está en el fideicomiso, la ficha puede negociarse por todos los medios que admiten los criptoactivos, y quien sea su tenedor final será quien pueda *rescatar* el activo y disponer del mismo. Nuevamente insistimos, esto no sólo es un planteo teórico, es la forma jurídica utilizada por varias empresas de *tokenización* de activos.

Capítulo XI: Fideicomiso de garantía

En un sentido amplio, se podría decir que de alguna forma todo fideicomiso tiene una finalidad de garantía dado que estamos frente a un patrimonio separado destinado a un fin. En otras palabras, crear un fideicomiso busca *garantizar* que los bienes que el fiduciante aporta se destinen a cumplir el encargo fiduciario. Sin embargo, existen determinados fideicomisos en los cuales la función de garantía es la causa primordial o incluso única del mismo y sin la cual no existirían. En otras palabras, los fideicomisos de garantía son aquellos que se constituyen con la finalidad exclusiva, o al menos principal, de asegurar obligaciones propias del fiduciante, de un beneficiario o de un tercero con los bienes fideicomitidos. En virtud de lo dicho, en caso de incumplimiento de la obligación garantizada se deberá aplicar los bienes del fideicomiso, o el resultado de su venta, al pago de la obligación garantizada de acuerdo al procedimiento establecido en el contrato de fideicomiso.

A diferencia del fideicomiso de garantía, los derechos reales de hipoteca, prenda y anticresis tienen como rasgos fundamentales su indivisibilidad, publicidad, convencionalidad y especialidad del crédito y del objeto sobre el cual recaen. Estas restricciones legales hacen que, por ejemplo, sea muy difícil garantizar obligaciones sobre las cuales no se conoce el monto al momento de otorgarse la garantía. El ejemplo típico de lo dicho es la garantía de operaciones son derivados financieros, esto es, futuros, *forwards*, opciones y *swaps*.[90] Dado que los derivados financieros

---

[90] Para un análisis de los principales conceptos involucrados en la liquidación por incumplimiento de derivados financieros nos remitimos a:

no son una operación de financiación en una parte deudora deba pagar a otra parte acreedora un capital más intereses, no se sabe al inicio quién será acreedor y quién deudor. Por ende, la garantía con una hipoteca debería ser mutua, esto es, cada parte debería hipotecar un inmueble en favor de la otra. Una primera obvia dificultad. Asimismo, dado que no hay un capital más intereses, se debe recurrir a una hipoteca de un monto máximo que se calculará sobre la posible evolución del monto a pagarse, lo que en ciertos casos es muy difícil cuantificación.

García Jiménez[91] al analizar la situación de la garantía de las permutas financieras (en inglés, *swaps*) explica que los principios de determinación o especialidad y publicidad, conllevan que en operaciones de préstamo es necesario determinar la responsabilidad hipotecaria diferenciada para principal, intereses ordinarios, intereses de demora, costas y gastos. Si bien lo dicho fue flexibilizado por la hipoteca flotante, no por ello se ha liberado y sigue siendo un tema de debate cómo funcionaría para un contrato que genera una deuda para cualquiera de ambas partes, esto es, no se sabe al inicio del contrato cuál parte será deudora y cuál acreedora, y que claramente no es un préstamo con capital e intereses sino otros conceptos.

Cabe agregar que, desde una perspectiva práctica, la principal diferencia del fideicomiso en garantía con los derechos reales de garantía existentes, es que se puede transmitir en fideicomiso cualquier clase de bienes ya sean cosas o derechos, mientras que las garantías reales, como regla general, sólo pueden recaer sobre cosas muebles o inmuebles. Destacamos si bien existen

---

Malumián, N. (2022), *Los derivados ante la insolvencia (close out netting)*, Revista del Derecho y Comercial y las Obligaciones (RDCO), Nro. 304, pág. 27.

91 García Jiménez. A.J., (2024) *Hipoteca en garantía de los contratos de permuta de tipo de interés (interest rate swap): llamando a las cosas por su nombre*, Actualidad Civil, N° 1, La Ley.

países en que hay prenda de derechos futuros o flujos de fondos, estas garantías no tienen las restantes ventajas del fideicomiso.

No sorprenderá que el contrato de fideicomiso resulta más versátil porque, entre otros motivos, se pueden pactar diferentes modalidades de administración, disposición, frutos y productos devengados durante la vigencia del contrato, que permiten diferentes formas de proceder en caso de incremento del monto del crédito, del riesgo crediticio, y desde ya, ante el incumplimiento. En otras palabras, se puede plantear una garantía dinámica que va respondiendo ante la evolución del crédito, sea afectando más o menos bienes en garantía, reteniendo o liberando los flujos de fondos emergentes de los activos del fideicomiso, o cambiando el orden de prelación de la garantía.

Otra característica distintiva es que el bien cedido a un fideicomiso de garantía pasa a ser propiedad del fiduciario. Es decir, se transmite el dominio fiduciario de los bienes, formándose con ellos un patrimonio de afectación separado del patrimonio del fiduciario, del fiduciante y del beneficiario, quedando, en consecuencia, a salvo de la agresión de los acreedores de cualquiera de los sujetos mencionados. En cambio, en las garantías reales, los bienes afectados a las mismas continúan en el patrimonio del deudor, quedando sujeto a los vaivenes naturales, jurídicos y económicos que éste pueda sufrir. Si bien, en principio, podrían no afectar la garantía por ser oponibles a terceros, sí generan demoras (tema no menor en materia de recupero de créditos) y mayor dificultad práctica (con sus obvios costos).

Otra diferencia de gran importancia, sobre la cual volvemos al tratar la fiducia en garantía en Navarra, es que en el contrato de fideicomiso de garantía existe la posibilidad de pactar la realización privada de los bienes cedidos en fideicomiso, mientras que en las garantías reales, salvo excepciones, la regla es que se requiere la intervención judicial a través del procedimiento de subasta pública.

Recordemos que el artículo 129, inciso b) de la Ley Hipotecaria[92] permite "*la venta extrajudicial del bien hipotecado, conforme al artículo 1858 del Código Civil, siempre que se hubiera pactado en la escritura de constitución de la hipoteca sólo para el caso de falta de pago del capital o de los intereses de la cantidad garantizada*". El debate sobre la posibilidad de ampliar esta restricción excede el objeto de esta obra, pero incluso frente a una ampliación por la jurisprudencia, nuestro punto seguirá siendo válido, esto es, el fideicomiso permite una mayor celeridad y facilidad en la ejecución de la garantía.

En la misma línea de pensamiento, y justamente a los efectos de lograr celeridad y economía en la realización del negocio, la buena práctica nos indica que se debería fijar un procedimiento lo suficientemente sencillo y transparente que permita al fiduciario, en caso de incumplimiento, realizar los bienes del fideicomiso de la mejor manera posible. Pero al mismo tiempo, que no se exorbiten las facultades razonables del fiduciario para evitar posibles impugnaciones del fiduciante. Un ejemplo de lo dicho, es la necesidad de contar con valuaciones de terceros independientes al ejecutar la garantía.

En conclusión, existe una clara ventaja del fideicomiso por su versatilidad en materia de: (i) activos que lo pueden integrar incluyendo inmuebles, muebles, propiedad intelectual (marcas, patentes, secretos comerciales, etc.), flujos de fondos, y créditos de toda naturaleza, entre otros, y que además pueden ser todos parte del mismo vehículo legal; (ii) del plazo para constituirlo que suele medirse en décadas; (iii) de poder otorgar diferentes preferencias, esto es, se puede establecer que primero cobre un acreedor, luego otro, luego un tercero pero con su cobro sujeto a una condición;

---

92 (TOL314.711). La cita corresponde al texto vigente el 22 de junio de 2025. El artículo 1858 del Código Civil (TOL220.310) dispone, refiriéndose a la prenda y la hipoteca, que: "Es también de esencia de estos contratos que, vencida la obligación principal, puedan ser enajenadas las cosas en que consiste la prenda o hipoteca para pagar al acreedor."

(iv) de ser un patrimonio separado que lo independiza de los fiduciantes, el fiduciario y los beneficiarios; y (v) del amplio plazo.[93]

Como reflexión final, las ventajas citadas hacen del fideicomiso la figura jurídica ideal del financiamiento de proyectos (*project finance*). Tanto es así que ha sido utilizado como forma jurídica de garantía sobre: (i) el flujo de fondos futuros de aeropuertos para garantizar la deuda utilizada para su ampliación; (ii) proyectos mineros de enorme envergadura financiados por múltiples bancos, organismos internacionales de crédito y empresas que explotarán el proyecto; (iii) proyectos de desarrollo y transporte de gas con participantes de múltiples países; y (iv) proyectos tal vez no tan importantes o complejos pero no por ello menos importantes para el nacimiento y desarrollo de un nuevo emprendimiento productivo.

---

93 Para una comparación de la fiducia en garantía con Francia y Alemania ver: Caro Gándara, R. (2023), La fiducia como garantía en el comercio internacional. Validez y eficacia en España, Tirant Lo Blanch (TOL9.874.172). La autora sostiene que "*se acometa un estudio de Derecho comparado sobre la materia se justifica fácilmente en esta obra por una razón: porque facilitará la identificación y el análisis de los problemas que plantea actualmente la continuidad espacial de la fiducia en garantía constituida conforme a otro ordenamiento jurídico. (…) Pero, además, una aproximación a los sistemas jurídicos más significativos de nuestro entorno continental europeo cumple una segunda función: la de aportar sendos paradigmas de cara a una eventual reforma del nuestro Derecho material, (…) La introducción en el Derecho civil común español de una regulación de la fiducia con alcance general contribuiría a mejorar la seguridad jurídica, facilitaría su circulación internacional y, por ende, daría confianza a los operadores económicos, lo que en última instancia coadyuvaría a la reactivación de nuestra economía.*"

Capítulo XII: Fideicomiso Testamentario y sustitución fideicomisaria española

Fideicomiso testamentario es justamente el creado por testamento para surtir efectos luego de la muerte del causante. Claramente se diferencia del fideicomiso contractual (*inter vivos*) no sólo por el instrumento de creación (un testamento y no un contrato), sino porque en rigor de verdad, no existirá fideicomiso testamentario hasta que no sea aceptado el encargo por un fiduciario y, fallecido el causante, el fiduciario se haga cargo de la propiedad fiduciaria.

Lo dicho tiene dos consecuencias obvias, la primera es que el testamento que crea un fideicomiso puede ser revocado o modificado como cualquier otro testamento hasta la muerte de la causante sin necesidad que el fiduciante/testador se haya reservado expresamente la facultad de revocarlo. El segundo aspecto, es que se debe prever el caso en que el fiduciario designado no acepte el encargo fiduciario, sea por no desearlo o por no poder hacerlo, no habrá fideicomiso. Desde ya, en última instancia se podrá estar a la designación de un Juez. Claro que sacando casos muy particulares impuestos por ley, un Juez no puede obligar a nadie a ser fiduciario, y si el encargo no fuera atractivo, o bien el Juez deberá modificar el mismo (sea la remuneración o sea el alcance de las tareas con respecto al tiempo de duración, cantidad de tareas o bienes comprendidos) el fideicomiso nunca podrá concretarse a pesar de la voluntad del causante.

Cabe destacar que en los fideicomisos contractuales, puede existir un elemento de ordenamiento patrimonial sucesorio, pero no por eso son fideicomisos testamentario. Esto es, si una persona crea un fideicomiso, los bienes aportados dejan de ser de su patrimonio y su muerte es irrelevante. Desde ya tiene toda la lógica que respetando la regla de la vida, una persona constituya un fideicomiso contractual (negociando en vida y aportando en vida los bienes) pensando justamente en su futuro fallecimiento. Pero este será un fideicomiso contractual por su forma de creación y no uno testamentario.

1. TOTTEN TRUSTS

Un ejemplo de fideicomiso testamentario muy utilizado en la práctica en los Estados Unidos es el denominado *Totten trust.* Suele constituirse por un formulario estándar provisto por el banco en que se tiene abierta una cuenta. Tiene por objeto determinar el destino los activos en esa cuenta al momento del fallecimiento del titular sin necesidad de un juicio sucesorio. En otras palabras, el objeto es que estos activos pasen en la forma más sencilla y ordenada al beneficiario.

El nombre de esta clase de fideicomisos testamentarios deriva de un caso judicial de 1904 (por ende, tiene más de 120 años) y han tenido recepción legislativa en la mayoría de los Estados de los Estados Unidos.[94] En la sentencia citada, luego de un largo y pormenorizado estudio de los precedentes, el Tribunal estableció que: "*Es necesario que resolvamos el conflicto estableciendo una norma que mejor promueva los intereses de todos los habitantes del Estado. Después de mucha reflexión sobre el tema, guiados por los principios establecidos por nuestras decisiones anteriores, anunciamos*

---

94 El nombre completo del caso es: "*In the Matter of the Accounting of William H. B. Totten, as Administrator of the Estate of Fanny Amelia Lattan, Otherwise Known as Frances A. Lattan, Deceased. William H. B. Totten, as Administrator, et al., Appellants; Emile R. Lattan, Respondent.*" Su cita es: 179 NY 112, Matter of Totten. El caso fue alegado el 1ro de junio de 1904 y decidido por la Corte de Apelaciones de Nueva York el 5 de Agosto de 1904.

la siguiente como nuestra conclusión: Un depósito hecho por una persona de su propio dinero, en su propio nombre como fideicomisario de otra, por sí solo, no establece un fideicomiso irrevocable durante la vida del depositante. Es un fideicomiso meramente tentativo, revocable a voluntad, hasta que el depositante fallezca o complete la donación en vida mediante algún acto o declaración inequívoca, como la entrega del talonario o notificación al beneficiario. En caso de que el depositante fallezca antes que el beneficiario sin revocación, o algún acto decisivo o declaración de revocación (disaffirmance), surge la presunción de que se creó un fideicomiso sobre el saldo disponible al fallecer el depositante." Esta lógica sigue guiando a los *Totten trusts,* la creación de los mismos (como cualquier fideicomiso testamentario) pueden ser revocados en cualquier momento y sólo tendrá efecto frente al fallecimiento del titular de la cuenta.

2. FIDEICOMISO Y LEGÍTIMA

Uno de los debates más encendidos ha sido si el fideicomiso puede utilizarse para violar la legítima. La respuesta de todos los países con legítima es que el fideicomiso testamentario no puede afectar la legítima tanto en lo que hace a su porcentaje como en lo referente al momento de su disposición.

El fideicomiso debe permitir una razonable planificación de la sucesión, especialmente en el caso que haya herederos incapacitados cuyas necesidades deban ser atendidas luego del fallecimiento de quienes las sustentan, pero sin violar las normas sobre legítima. De esta forma, en países con legítima, que restringen la posibilidad de que se disponga libremente de los bienes en disposiciones de última voluntad, se permite el fideicomiso testamentario pero en la medida en que no se afecte la misma. Cabe mencionar que en lo que hace a Latinoamérica, se puede decir como regla general que sí existe legítima en Sudamérica, mientras que de Panamá a México no la hay. Del mismo modo que hay una variedad de casos en Latinoamérica, en España hay comunidades con legítima y otras con una mayor libertad. Por lo que, obviamente, se deberá estar en cada caso a la legislación aplicable en materia de orden público sucesorio.

Cabe volver sobre un punto de sustancial importancia en la materia: la legítima no sólo conlleva que cierto porcentaje vaya al heredero, sino también un momento, esto es, la transmisión es al momento del fallecimiento del causante. En otras palabras, violaría la legítima tanto un fideicomiso por el cual se pretenda que un heredero forzoso reciba un porcentaje menor al dispuesto por ley, como también si siendo este porcentaje respetado el fideicomiso le impusiera una espera para recibir la plena propiedad de los bienes como fideicomisario. Un ejemplo sería, un fideicomiso testamentario a favor del único heredero siendo el mismo además único beneficiario del fideicomiso, pero recibiendo los bienes sólo luego de 10 años del fallecimiento del causante. En este caso no existe violación del porcentaje, pero sí del momento, y este diferimiento es una afectación de la legítima.

Al igual que España hizo con la sustitución fideicomisaria a favor de personas incapacitadas, existen varias jurisdicciones que permiten constituir fideicomisos testamentario cuyos beneficiarios sean tales personas, y que su beneficio sea superior a la porción de legítima que les hubiera correspondido. Por ejemplo, en el caso de la Argentina, el artículo 2493 del Código Civil y Comercial, bajo el título *"Fideicomiso testamentario"* dispone que: *"El testador puede disponer un fideicomiso sobre toda la herencia, una parte indivisa o bienes determinados, y establecer instrucciones al heredero o legatario fiduciario, (...). La constitución del fideicomiso no debe afectar la legítima de los herederos forzosos, excepto el caso previsto en el artículo 2448."* Por su parte, el artículo 2448 intitulado *"Mejora a favor de heredero con discapacidad"* dispone que: *"El causante puede disponer, por el medio que estime conveniente, incluso mediante un fideicomiso, además de la porción disponible, de un tercio de las porciones legítimas para aplicarlas como mejora estricta a descendientes o ascendientes con discapacidad. A estos efectos, se considera persona con discapacidad, a toda persona que padece una alteración funcional permanente o prolongada, física o mental, que en relación a su edad y medio social implica desventajas considerables para su integración familiar, social, educacional o laboral."*

En lo que hace a España, cabe destacar que el artículo 808 del Código Civil español (redacción conforme la Ley 41/2003, de 18 de noviembre)[95] dispone que: "*Constituyen la legítima de los hijos y descendientes las dos terceras partes del haber hereditario del padre y de la madre. Sin embargo, podrán éstos disponer de una parte de las dos que forman la legítima, para aplicarla como mejora a sus hijos o descendientes. Cuando alguno de los hijos o descendientes haya sido judicialmente incapacitado, el testador podrá establecer una sustitución fideicomisaria sobre el tercio de legítima estricta, siendo fiduciarios los hijos o descendientes judicialmente incapacitados y fideicomisarios los coherederos forzosos. La tercera parte restante será de libre disposición.*" A lo dicho, cabe agregar que el artículo 781 del mismo Código Civil dispone (en su redacción dada por la citada Ley 41/2003), que "*Las sustituciones fideicomisarias en cuya virtud se encarga al heredero que conserve y transmita a un tercero el todo o parte de la herencia, serán válidas y surtirán efecto siempre que no pasen del segundo grado, o que se hagan en favor de personas que vivan al tiempo del fallecimiento del testador.*" En su artículo 782 que "*Las sustituciones fideicomisarias nunca podrán gravar la legítima, salvo que graven la legítima estricta en beneficio de un hijo o descendiente judicialmente incapacitado en los términos establecidos en el artículo 808. Si recayeren sobre el tercio destinado a la mejora, sólo podrán hacerse en favor de los descendientes.*" Y en su artículo 783 que "*Para que sean válidos los llamamientos a la sustitución fideicomisaria, deberán ser expresos. El fiduciario estará obligado a entregar la herencia al fideicomisario, sin otras deducciones que las que correspondan por gastos legítimos, créditos y mejoras, salvo el caso en que el testador haya dispuesto otra cosa.*"

---

95 Ley 41/2003, de 18 de noviembre, de protección patrimonial de las personas con discapacidad y de modificación del Código Civil, de la Ley de Enjuiciamiento Civil y de la Normativa Tributaria con esta finalidad (TOL318.743).

Cabe destacar que en la mayoría de las jurisdicciones de Latinoamérica, los fideicomisos testamentarios están regulados (siendo Chile la excepción más notable) y las sustituciones fideicomisarias están prohibidas.[96] Esto es, se podría decir que es el caso contrario a la situación actual en España que no regula los fideicomisos testamentarios pero sí tiene un importante desarrollo de la sustitución fideicomisaria. Lo que pasamos a analizar.

3. SUSTITUCIÓN FIDEICOMISARIA Y SU COMPARACIÓN CON EL FIDEICOMISO TESTAMENTARIO

Cabe comenzar con una aclaración terminológica. Gran parte de la doctrina y jurisprudencia española a la hora de hacer referencia a la sustitución fideicomisaria lo hace con el término *fideicomiso*. Es decir, que se usan ambos términos como sinónimos, *fideicomiso* y *sustitución fideicomisaria*. Lo dicho genera una

---

96 El artículo 1972 del Código Civil y Comercial argentino en su parte pertinente dispone que "*en los actos por causa de muerte son nulas las cláusulas que afectan las porciones legítimas, o implican una sustitución fideicomisaria.*" En particular, con relación a la sustitución dispone que el artículo 2491 intitulado "*Sustitución*" dispone que: "*La facultad de instituir herederos o legatarios no importa el derecho de imponer un sucesor a los instituidos. La disposición que viola esta prohibición no afecta la validez de la institución, y tiene eficacia si puede valer en alguno de los dos casos del párrafo siguiente. El testador puede subrogar al instituido para el supuesto de que éste no quiera o no pueda aceptar la herencia o el legado. La sustitución establecida para uno de esos casos vale para el otro. El heredero o legatario sustituto queda sujeto a las mismas cargas y condiciones impuestas al sustituido si no aparece claramente que el testador quiso limitarlas al llamado en primer término.*" Para luego el artículo 2492 agregar, bajo el título "*Sustitución de residuo*" que: "*No es válida la disposición del testador por la que llame a un tercero a recibir lo que reste de su herencia al morir el heredero o legatario instituido. La nulidad de esta disposición no perjudica los derechos de los instituidos.*"

confusión entre dos institutos jurídicos diferentes.[97] En la sustitución fideicomisaria se designa sucesor al sucesor, o dicho con otras palabas, se designa sucesores en serie uno después del otro, y como regla general existe la obligación de conservar todo o parte de los bienes heredados. En síntesis, si bien ciertos bienes estarán sujeto a la condición de ser conservados para que luego pasen a otra persona, no se crea un patrimonio separado.

La excepción a la regla general de la conservación, es la sustitución fideicomisaria de residuo, que se llama sí para diferenciarla de la sustitución fideicomisaria ordinaria. En la sustitución fiduciaria de residuo el primer heredero puede disponer de los bienes recibidos por medio de la sustitución fideicomisaria, y por ende se reduce (o extingue) lo que recibirá el segundo heredero. En este caso, no existe diferencia alguna entre los activos recibidos por el primer heredero y el resto de su patrimonio, situación totalmente inadmisible en un fideicomiso.

En cualquier caso, en la sustitución fiduciaria estamos frente a un heredero que tendrá un mayor o menor grado de uso y disposición sobre los bienes, pero que siempre aprovecha de los mismos. No es un titular formal que debe cuidar de los bienes y que en nada se aprovecha. En tal sentido, en la sustitución fideicomisaria de residuo sin lugar a dudas no hay un patrimonio separado. Tal vez el caso de mayor similaridad entre la

---

97 Para un desarrollo detallado en la materia nos remitimos a: Botello Hermosa, P. (2016) “El incomprensible uso como sinónimos de dos figuras jurídicas diferentes: el fideicomiso y la sustitución fideicomisaria”, Revista Crítica de Derecho Inmobiliario, Año No 92, No 756, 2264-2280. También se puede ver: Botello Hermosa, P. y Malumián, N. (2021) “Sustitución Fideicomisaria Española y Fideicomiso Testamentario Argentino: Similitudes y Diferencias”, Revista del Código Civil y Comercial (RCCyC), año 7, Número 1, 81.

sustitución fideicomisaria y el fideicomiso sea el de sustitución fideicomisaria a favor de personas son necesidades especiales.[98]

Si bien existen sentencias en que el Tribunal Supremo utiliza las expresiones *fideicomiso* y *sustitución fideicomisaria* como sinónimos, también existen sentencias en que el citado Tribunal explica que son dos instituciones diferente. En este sentido, cabe citar la sentencia del 11 de enero de 1996[99], en la cual se expresa que: "*Las diferencias más notorias entre ambas instituciones son: a.- En el fideicomiso puro hay una sola liberalidad, pues el testador contempla y dispone a favor de una sola persona o de varias a la vez, en cambio en la sustitución fideicomisaria, existen al menos dos actos de liberalidad, uno a favor del heredero fiduciario y otro a favor de los herederos fideicomisarios, existe, pues, una sucesión en la herencia, es decir, dos o más liberalidades, cosa que no ocurre en el fideicomiso. b.- En el fideicomiso el fiduciario no es heredero, sino "ejecutor testamentario", en la medida en que el testador le encarga sobre la base de la confianza la entrega de la herencia al heredero, en cambio en la sustitución fideicomisaria el fiduciario es heredero. c.- En el fideicomiso existe un encargo o ruego del testador al fiduciario acerca de que cumpla su voluntad, en cambio en la sustitución fideicomisaria existe para el fiduciario una obligación jurídica de conservar y transmitir los bienes de la herencia a los herederos fideicomisarios. d.- En el Derecho civil común se regula la sustitución fideicomisaria, pero no el fideicomiso*". La claridad de la explicación del Tribunal Supremo nos exime de mayores comentarios.

En síntesis, la sustitución fideicomisaria y el fideicomiso testamentario son dos institutos jurídicos diferentes. A esta altura de la obra puede que la diferencia sea evidente, pero con el fin de evitar toda duda destacamos que: (i) El fideicomiso es un patrimonio separado del patrimonio del fiduciario, por lo que

---

98 En relación con esta importante materia, volvemos a recomendar: Botello Hermosa, P., (2017), *La Sustitución Fideicomisaria Especial Introducida por la ley 41/2003*, Tirant lo Blanch (TOL6.345.958).

99 RJ 1996, 4271 (TOL230.745).

sus acreedores no puede atacar estos bienes ni será objeto de su sucesión siendo sus herederos ajenos al destino del patrimonio fiduciario; (ii) El fiduciario de un fideicomiso no aprovecha ni del uso de los frutos de los bienes, todos los cuales son de los beneficiarios y fideicomisarios, a quienes el fiduciario debe rendirles cuentas. Lo dicho es una situación totalmente contraria a una sustitución fideicomisaria de residuo en que el heredero puede hacer lo que desee y aprovechar en todas sus formas los activos, y muy alejada de una sustitución fideicomisaria ordinaria, en que sólo hay una restricción de disponer pero no de gozar y utilizar; y (iii) Va de suyo, que la regla general es que la muerte del fiduciario no termina el fideicomiso, que deberá estar sujeto a su propio plazo o condición.

TERCERA PARTE: FIDEICOMISO EN ESPAÑA

Capítulo XIII: Instituciones Análogas al Fideicomiso en el Derecho Nacional Español

Existe instituciones análogas al fideicomiso en el Derecho Español que muestran que el fideicomiso está lejos de ser un instituto exótico o de imposible asimilación, y por el contrario su inclusión traería claridad a varias situaciones.

Nasarre Aznar y Rivas Neto explican que: "*En las dos últimas décadas, el derecho español ha venido admitiendo de manera creciente la creación de estructuras financieras que incorporan patrimonios separados que carecen de personalidad jurídica y que, por una u otra causa, no pueden englobarse dentro de los patrimonios clásicos del derecho civil. En consecuencia, se han necesitado leyes especiales para poderse desarrollar, dado que las normas del Código Civil (incluido el art. 1.255 CC) resultaban insuficientes. (...) Se trata de conjuntos de bienes agrupados que gozan de cierta autonomía y en los que, a menudo, las funciones de goce, titularidad y administración están permanentemente separados desde su creación. La importancia de su existencia radica en el conjunto (o pool, utilizando la terminología anglosajona) de bienes y no tanto en las personas que adquieren derechos sobre el mismo. A menudo son patrimonios afectos a una determinada finalidad y que deben ser administrados y disfrutados conforme a la misma. A diferencia de lo que ocurre con las fundaciones, dichos patrimonios tienen entidad propia pero no tienen personalidad jurídica. (...) la calidad de su regulación jurídica y su potencial de eficiencia económica teórica en base a ésta no son acordes con su importancia económica.*"[100]

---

[100] Nasarre Aznar, S. y Rivas Nieto, E. (2004) "Patrimonios Financieros sin Personalidad. Naturaleza Jurídica y Régimen Tributario", *Estudios Financieros*, Nro. 261, 61–62.

Compartimos la clara explicación de Nazarre Aznar y Rivas Neto, y destacamos que en este capítulo no realizaremos una comparación con las fundaciones por varios motivos: (i) el primero es que son entes con personería jurídica, que tiene un patrimonio como toda persona jurídica, pero no son un patrimonio de afectación; (ii) porque su finalidad es totalmente diferente a la de los fideicomisos. Ni España, ni la mayoría de los países de Latinoamérica (siendo Panamá la más notable excepción), permiten la fundación de interés privado por lo que no se las puede utilizar para una planificación sucesoria, ni mucho menos para el desarrollo versátil de un negocio; y (iii) son una figura jurídica conocida que no creemos pueda confundirse con el fideicomiso.

Pasamos a ver los casos que consideramos más claros de institutos legales que son patrimonios autónomos:

1. ENTIDADES DE INVERSIÓN COLECTIVA DE TIPO CERRADO

Estas entidades están reguladas por la Ley 22/2014, de 12 de noviembre,[101] incluyendo las entidades de capital-riesgo, otras entidades de inversión colectiva de tipo cerrado y las sociedades gestoras de entidades de inversión colectiva de tipo cerrado.

La norma citada dispone (art. 3) que: "*Se entenderá por entidades de capital-riesgo (ECR) aquellas entidades de inversión colectiva de tipo cerrado que obtienen capital de una serie de inversores mediante una actividad comercial cuyo fin mercantil es generar ganancias o*

---

101 Ley 22/2014, de 12 de noviembre, por la que se regulan las entidades de capital-riesgo, otras entidades de inversión colectiva de tipo cerrado y las sociedades gestoras de entidades de inversión colectiva de tipo cerrado, y por la que se modifica la Ley 35/2003, de 4 de noviembre, de Instituciones de Inversión Colectiva (TOL4.542.791). Se cita el texto vigente al 22 de junio de 2025.

rendimientos para los inversores y cuyo objeto principal viene definido en el artículo 9 de esta Ley. (…) 3. Las ECR pueden adoptar la forma jurídica de sociedades de capital riesgo (SCR) o de fondos de capital riesgo (FCR) … ". Desde ya si tuvieran la forma de una sociedad, la misma será un sujeto de derecho como tal. El punto de nuestro interés es si se adopta la forma de "*fondo de capital de riesgo*" o FCR. Mismo comentario se aplica a los fondos de inversión colectiva de tipos cerrados previstos en el artículo 4.

El Capítulo IV, intitulado "*Régimen jurídico de los fondos de capital-riesgo*" (arts. 30 a 37 inclusive) es de mayor interés para nuestro análisis pues muestra la creación de un patrimonio separado sin personalidad jurídica administrado por una sociedad gestora que ejerce las facultades de dominio sin ser propietaria del fondo. En concreto, el artículo 30, bajo el título "Definición y régimen jurídico" dispone que: "*1. Los FCR son patrimonios separados sin personalidad jurídica, pertenecientes a una pluralidad de inversores, cuya gestión y representación corresponde a una sociedad gestora, que ejerce las facultades de dominio sin ser propietaria del fondo. (…) 2. La condición de partícipe se adquiere mediante la realización de la aportación al fondo común.*" En síntesis, estamos ante un fideicomiso, esto es: un patrimonio separado que es gestionado por quien tiene las *facultades de dominio* pero no es propietario, y por ende, debe realizar su gestión en el mejor interés de un tercero, y cuyos aportantes (*fiduciantes* diríamos nosotros) obtiene su interés por ser fiduciantes y beneficiarios del mismo.

Si alguna duda pudiera haber sobre la separación patrimonial, el artículo 31 dispone que: "*El patrimonio de los FCR se constituirá con las aportaciones realizadas por los partícipes y los rendimientos cuando no hayan sido distribuidos. Los partícipes no responderán por las deudas del fondo sino hasta el límite del patrimonio del mismo. El patrimonio del fondo no responderá por las deudas de los partícipes ni de las sociedades gestoras.*"

El legislador ha tratado el caso de quienes son titulares de participaciones diciendo que son propietarios. Lo dicho es correcto en el sentido de tener un interés protegido en el patrimonio (*beneficiarios* y *fideicomisarios*), pero con el fin de evitar toda duda, el legislador aclara que esta propiedad responderá a la clase de participación y a lo dispuesto en el reglamento. En esta línea, el ya citado artículo 31 continúa diciendo: "*El patrimonio estará dividido en participaciones que conferirán a su titular un derecho de propiedad sobre el mismo. Las participaciones no tendrán valor nominal, tendrán la condición de valores negociables y podrán representarse mediante certificados nominativos o mediante anotaciones en cuenta. El valor de cada participación será el resultado de dividir el patrimonio del fondo por el número de participaciones en circulación, ajustado, en su caso, a los derechos económicos correspondientes a la clase de participación (...). Se permitirá la emisión de participaciones con características distintas a las participaciones generales del fondo siempre que esta posibilidad, las características de dichas participaciones y las posibles condiciones para su acceso estén adecuadamente reflejadas en el reglamento del fondo.*"

Los artículos 32, constitución del fondo; 33, contenido del reglamento de gestión; 34, régimen de suscripción y reembolso de las participaciones; 36, administración; y 37, disolución y liquidación; completan muy correctamente el régimen de nacimiento, vida y fin de un patrimonio separado destinado a un fin determinado con un administrador que es titular sólo para la gestión, y beneficiarios del mismo. En síntesis, un esquema fiduciario en su totalidad.

Finalmente, cabe mencionar lo dispuesto en el artículo 42. El mismo establece que sólo se podrá ser sociedad gestora previa autorización, y regula las actividades que podrían delegar. Se destaca que esta es una regulación típica de los fiduciarios profesionales, que pueden contratar servicios jurídicos, contables y ciertas tareas de *outsourcing*. En este artículo se habla de "*actividades relacionadas con los activos de la entidad, en particular, los servicios necesarios para cumplir con las obligaciones fiduciarias de los gestores, la gestión de inmuebles y servicios utilizados en la actividad, las actividades de administración de bienes inmuebles, el asesoramiento a empresas con respecto a estructuras de capital, estrategia industrial y materias relacionadas, el asesoramiento y los servicios relacionados con fusiones y adquisición de empresas, así como otros servicios conexos con la gestión de la entidad y de las empresas y activos en los que ha invertido.*" De lo dicho se destaca que, insistimos que muy correctamente, se ha regulado y reconocido que el gestor, si bien tiene el dominio lo tiene en favor de terceros, y por ende recaen sobre el mismo obligaciones fiduciarias de respeto y cuidado a los intereses de estos terceros.

En síntesis, esta figura muestra no sólo la perfecta compatibilidad, sino lisa y llanamente la existencia de un patrimonio separado bajo el dominio de un gestor destinado a una actividad de inversión, que no es un dominio pleno dado que debe cumplir con la administración y beneficio en favor de terceros, y hasta da una excelente pauta de regulación de la actividad de fiduciarios profesionales en España. En otras palabras, esta normativa no sólo muestra la posibilidad de incorporar el fideicomiso, sino que hasta provee de un modelo a seguir.

2. FONDOS ABIERTOS

Estos fondos están regulados la Ley 35/2003, de 4 de noviembre, de Instituciones de Inversión Colectiva.[102]

Estrada Alonso explica que: "*La estructura que se establece en el fondo constituye en esencia un fideicomiso inter vivos aunque no se regule la figura en nuestro Ordenamiento Jurídico. Por eso el legislador lo califica de patrimonio separado de los afiliados. Todos los activos del fondo son adquiridos por la fiduciaria y quedan a su nombre por ser ella quien invierte los recursos (compra, vende y deposita valores negociables y dinero, incluyendo acciones nominativas) sin que figuren los nombres de los supuestos condóminos. La titularidad formal de los activos que forzosamente figura a nombre de la gestora, la separación del patrimonio*

102 Ley 35/2003, de 4 de noviembre, de Instituciones de Inversión Colectiva (TOL313.982). Se cita el texto vigente al 22 de junio de 2025.

del fondo respecto del propio de la administradora, la existencia de aportantes (fiduciantes) y beneficiarios (los mismos inversores) y la inembargabilidad de los bienes que constituyen el fondo, coincide sin remedio con el fideicomiso."[103] Estamos totalmente de acuerdo. Otro ejemplo de un fideicomiso comercial en la legislación nacional española.

Cabe destacar que a nivel mundial existe una amplia variedad de figuras jurídicas que pueden ser fondos comunes de inversión abiertos. Las alternativas incluyen desde: (i) sociedades por acciones de capital variable; (ii) figuras jurídicas específicas de fondos comunes basadas en una lógica de copropiedad indivisa como en Francia y en la Argentina; (iii) fideicomisos en que los fiduciantes-beneficiarios son titulares de cuotapartes o unidades (por ello denominados *units trusts*); o (iv) *limited partnerships,* siendo los inversores los *limited partners* y la *general partner* la sociedad gerente (lo que explicamos al tratar los fideicomisos de capital de riesgo).

En el caso de España el artículo 1, intitulado "*Concepto, forma y clases*" de la citada Ley 35/2023 dispone que: "*1. Son Instituciones de Inversión Colectiva (IIC, en adelante) aquellas que tienen por objeto la captación de fondos, bienes o derechos del público para gestionarlos e invertirlos en bienes, derechos, valores u otros instrumentos, financieros o no, siempre que el rendimiento del inversor se establezca en función de los resultados colectivos. (...). 2. Las IIC revestirán la forma de sociedad de inversión o fondo de inversión ...*". Nuevamente, destacamos que será el "fondo" el objeto de nuestro análisis.

El artículo 3 de la ley bajo examen, intitulado "Concepto", dispone que: "*1. Los fondos de inversión son IIC configuradas como patrimonios separados sin personalidad jurídica, pertenecientes a una pluralidad de inversores, incluidos entre ellos otras IIC, cuya gestión y*

---

[103] Estrada Alonso, E., (2010) *El fideicomiso y los fondos sin personalidad jurídica: Proyección de la cesión en confianza para adscribir patrimonios a un encargo de gestión en el ordenamiento jurídico español,* Editorial Universitaria Ramón Areses.

representación corresponde a una sociedad gestora, que ejerce las facultades de dominio sin ser propietaria del fondo, con el concurso de un depositario, y cuyo objeto es la captación de fondos, bienes o derechos del público para gestionarlos e invertirlos en bienes, derechos, valores u otros instrumentos, financieros o no, siempre que el rendimiento del inversor se establezca en función de los resultados colectivos." Al igual que con las entidades de inversión colectiva de tipo cerrado, no se le escapará al lector que estamos frente a un fideicomiso en todo menos el nombre.

De hecho, la normativa bajo examen permite crear compartimientos dentro del fondo. En tal sentido, el ya citado artículo 1ro continúa diciendo que: "*Podrán crearse fondos de inversión por compartimentos en los que bajo un único contrato constitutivo y reglamento de gestión se agrupen dos o más compartimentos, debiendo quedar reflejada esta circunstancia expresamente en dichos documentos. Cada compartimento recibirá una denominación específica en la que necesariamente deberá incluirse la denominación del fondo. Cada compartimento dará lugar a la emisión de sus propias participaciones, que podrán ser de diferentes clases, representativas de la parte del patrimonio del fondo que les sea atribuido. La parte del patrimonio del fondo que le sea atribuido a cada compartimento responderá exclusivamente de los costes, gastos y demás obligaciones expresamente atribuidas a ese compartimento y de los costes, gastos y obligaciones que no hayan sido atribuidas expresamente a un compartimento en la parte proporcional que se establezca en el reglamento del fondo. A los compartimentos les serán individualmente aplicables todas las previsiones de esta ley con las especificidades que se establezcan reglamentariamente en lo referido, entre otros, al número mínimo de partícipes, patrimonio mínimo y requisitos de distribución del mismo entre los partícipes.*"

Respondiendo a la lógica propia de los fondos abiertos, se divide la gestión y la tenencia de los activos entre una sociedad gestora y un depositario. Asimismo, sólo se considerará constituido una vez obtenida la correspondiente autorización. Lo dicho en nada obsta su calificación como patrimonio destinado a un fin, por el contrario, es típico de los fideicomisos que recurren al ahorro público (en este caso al público inversor minorista en ciertos activos) que exista una regulación y necesidad de autorización tuitiva de esta clase de inversores. En esta línea el artículo 4 de la ley bajo examen, bajo el título "*Constitución*" dispone que: "*El fondo se constituirá, una vez obtenida la preceptiva autorización, mediante una o varias aportaciones iniciales, lo que quedará documentado en un contrato entre la sociedad gestora y un depositario que podrá formalizarse en escritura pública. El contenido mínimo del contrato se fijará reglamentariamente. La sociedad gestora y el depositario podrán ser autorizados, antes de la constitución del fondo, para llevar a cabo una suscripción pública de participaciones.*" Cabe mencionar que tampoco la imposición de una forma (en este caso la escritura pública) se presenta contrario a la calificación como fideicomiso, pues tal como ya hemos explicado es una forma impuesta por la ley para ciertos casos y activos. El ejemplo más evidente de lo dicho es el caos de los fideicomisos cuyo activo subyacente sea un inmueble.

La ley bajo examen continúa regulando los derechos de los participantes del fondo (artículo 5) definiendo que: "*La condición de partícipe se adquiere mediante la realización de la aportación al patrimonio común (...) La condición de partícipe confiere los derechos reconocidos en esta ley, en su normativa de desarrollo y en el reglamento de gestión del fondo, y serán, como mínimo, los siguientes: a) Solicitar y obtener el reembolso del valor de sus participaciones. (...) b) Solicitar y obtener el traspaso de sus inversiones entre IIC (...) c) Obtener información completa, veraz, precisa y permanente sobre el fondo, el valor de las participaciones así como la posición del partícipe en el fondo. d) Exigir responsabilidades a la sociedad gestora y al depositario por el incumplimiento de sus obligaciones legales y reglamentarias. e) Acudir al departamento de atención al cliente o al defensor del cliente, así como, en su caso, al Comisionado para la Defensa del Inversor (...)*". Sin lugar a dudas, los derechos propios de quien ha confiado a un tercero la administración de un activo, sin perder el derecho al beneficio que emerge del mismo, esto es, los derechos propios de un beneficiario de un fideicomiso.

Otro aspecto a destacar es que la Ley es clara en materia de separación patrimonial, el artículo 6, acertadamente intitulado

"*Patrimonio*" dispone que: "*El patrimonio de los fondos de inversión se constituirá con las aportaciones de los partícipes y sus rendimientos. Los partícipes no responderán por las deudas del fondo sino hasta el límite de lo aportado. El patrimonio de los fondos de inversión no responderá por las deudas de los partícipes, sociedades gestoras o depositarios.*" Esta es exactamente la misma norma que existe en relación con los fideicomisos en los países del Derecho Civil que lo han adoptado, mostrando la plena viabilidad de una norma de esta naturaleza en el Derecho Español.

La Ley bajo establece que quienes aporten al patrimonio serán beneficiarios del mismo y, por ende, tendrán una participación en el mismo. Dado que la ley regula un fondo que recurre al ahorro público, dispone que las participaciones tendrán la condición de instrumento financiero y que podrán ser representadas en cualquier forma (incluyendo tecnología *blockchain* o de registro distribuido). Todo lo cual marca claro paralelismos con los fideicomisos de administración de activos abiertos al público tanto en los países del Derecho Civil como los del *Common Law.*

Lo dicho hasta ahora es aplicable a los fondos inmobiliarios, a los cuales la ley le establece ciertas regulaciones particulares justamente por la naturaleza del activo subyacente. Pero mostrando una vez más como un patrimonio fiduciario podría tener cualquier clase de activo.

Finalmente, el artículo 57 de la Ley exige que el total de los activos de fondos deben estar bajo la custodia de una entidad que además tiene una tarea de vigilancia en la gestión. Tal como ya dijimos, esto en nada altera ni la naturaleza de patrimonio de afectación del fondo ni el análisis hecho. Es más, incluso en el caso de fideicomisos que invierten activos del público, es esperable que la normativa imponga controles y salvaguardas, y que se exija que los activos estén en custodia de entidades especialmente autorizadas. En el caso de las sociedades depositarias de los fondos en España deben ser bancos, cajas de ahorro, cooperativas de crédito y sociedades y agencias de valores.

3. FONDOS DE PENSIONES

Estos fondos están regulados por el Real Decreto Legislativo 1/2002, de 29 de noviembre.[104]

En materia de fondos de pensiones se repite lo ya visto en los anteriores casos, nos encontramos frente a un patrimonio de afectación separado administrado por gestores profesionales en favor de terceros. En este sentido se destaca el artículo 1ro dispone en su primer punto que: "*Los planes de pensiones definen el derecho de las personas a cuyo favor se constituyen a percibir rentas o capitales por jubilación, supervivencia, viudedad, orfandad o invalidez, las obligaciones de contribución a los mismos y, en la medida permitida por la presente Ley, las reglas de constitución y funcionamiento del patrimonio que al cumplimiento de los derechos que reconoce ha de afectarse.*" Este artículo ya aporta una primera aproximación al concepto de patrimonio de afectación separado. Pero es el artículo 2, que no deja lugar a dudas al disponer, en su primer párrafo, que: "*Los fondos de pensiones son patrimonios creados al exclusivo objeto de dar cumplimiento a planes de pensiones, cuya gestión, custodia y control se realizarán de acuerdo con la presente Ley.*" En síntesis, estamos frente a un patrimonio afectado a un fin, esto es, dar cumplimiento a planes de pensiones, que es gestionado y custodiado por entes profesionales bajo los estándares fijados por la ley. En síntesis, estamos frente a un fideicomiso comercial.

Complementan lo dicho lo dispuesto en los artículos 11 y 12 de la Ley bajo examen que regulan la "Constitución de los fondos de pensiones", la "Responsabilidad" y la "Administración de los fondos de pensiones", respectivamente. El artículo 11 dispone que "*los fondos de pensiones carecerán de personalidad jurídica*

---

104 Real Decreto Legislativo 1/2002, de 29 de noviembre, por el que se aprueba el texto refundido de la Ley de Regulación de los Planes y Fondos de Pensiones (TOL223.314). Se cita el texto vigente al 22 de junio de 2025.

y serán administrados y representados conforme a lo dispuesto en esta Ley" pasando luego a detallar los elementos que la escritura de constitución del fondo debe contener. El artículo 12, al trata la responsabilidad, dispone que: "*1. Los acreedores de los fondos de pensiones no podrán hacer efectivos sus créditos sobre los patrimonios de los promotores de los planes y de los partícipes, cuya responsabilidad está limitada a sus respectivos compromisos de aportación a sus planes de pensiones adscritos. 2. El patrimonio de los fondos no responderá por las deudas de las entidades promotora, gestora y depositaria.*" Normas que marcan la clara separación patrimonial propia de un fideicomiso.

4. FONDOS DE TITULIZACIÓN HIPOTECARIA

La titulización de activos es la operación por la cual se *convierte* un activo ilíquido, generalmente créditos, en activos líquidos fácilmente transferibles, generalmente títulos valores con oferta pública, por ello el nombre *titulización.* Para que esto ocurra la forma básica es la transferencia por parte del título de los créditos a un fideicomiso o sociedad titulizadora que emitirán los títulos valores. Es de la esencia de la operación que se cree un patrimonio independiente de quien transfiere los activos de forma tal que cualquier contingencia que afecte el transmitente, en especial el concurso o quiebra, no afecte a los activos que son la fuente de repago de los títulos emitidos. Un atributo que en la jerga financiera se ha denominado "*bankruptcy remote*".

Del conjunto de normas relevantes en la materias, nos focalizaremos en el Título III de la Ley 5/2015 de 27 de abril, de fomento de la financiación empresarial.[105] El artículo 15 de esta Ley dispone que "*los fondos de titulizacion son patrimonios separados, carentes de personalidad jurídica* (...)". Asimismo, la ley expresa-

105 Ley 5/2015, de 27 de abril, de fomento de la financiación empresarial. (TOL4.841.671). Se cita el texto vigente al 22 de junio de 2025.

mente admite la subdivisión de este patrimonio, dado que en el mismo artículo se dispone que: "*El patrimonio de los fondos de titulización podrá, cuando así esté previsto en la escritura de constitución, dividirse en compartimentos independientes, con cargo a los cuales podrán emitirse valores o asumirse obligaciones de diferentes clases y que podrán liquidarse de forma independiente. La parte del patrimonio del fondo de titulización atribuido a cada compartimento responderá exclusivamente de los costes, gastos y obligaciones expresamente atribuidos a ese compartimento y de los costes, gastos y obligaciones que no hayan sido atribuidos expresamente a un compartimento en la proporción que se fije en la escritura pública de constitución del fondo o en la escritura pública complementaria. Los acreedores de un compartimento sólo podrán hacer efectivos sus créditos contra el patrimonio de dicho compartimento.*"

En lo que hace a los activos que pueden conformar el fondo el artículo 16 dispone que pueden incorporarse créditos existentes y créditos futuros, eso es, flujos de fondos (siendo un ejemplo los emergentes del cobro de peajes de autopistas). Pero con el fin de evitar la discusión en torno a otros activos, el artículo dispone que: "*Se podrá inscribir en el Registro de la Propiedad el dominio y los demás derechos reales sobre los bienes inmuebles pertenecientes a los fondos de titulización. Igualmente se podrán inscribir la propiedad y otros derechos reales sobre cualesquiera otros bienes pertenecientes a los fondos de titulización en los registros que correspondan.*"

En lo que hace a la administración, la Ley determina en su artículo 25 que estos fondos sólo podrán ser administrados por sociedades gestoras de fondos de titulización que tendrán por objeto: "*la constitución, administración y representación legal de los fondos de titulización, (...) Las sociedades gestoras podrán constituir, administrar y representar fondos y vehículos de propósito especial análogos a los fondos de titulización, constituidos en el extranjero, de acuerdo con la normativa que sea de aplicación.*" En otras palabras, una sociedad cuyo objeto es administrar un patrimonio separado del cual tiene la representación legal y sobre el cual tiene obligaciones fiduciarias de cuidado. Si alguna duda pudiera haber de esta última afirmación, cabe remitirse al artículo 26 de la Ley que se analiza que, al detallar las obligaciones de las sociedades gestoras, entre otras dispone las de: "*a) Actuar con la máxima diligencia y transparencia en defensa del mejor interés de los tenedores de valores y financiadores de los fondos que administren. b) Administrar y gestionar los activos agrupados en los fondos de titulización. c) Contar con expertos de probada experiencia o contratar los servicios de asesores independientes que gocen de ella. d) Valorar los riesgos del activo con diligencia y rigor. (…) f) Disponer de medidas administrativas y de organización adecuadas para evitar los posibles conflictos de interés, en particular, en relación con las influencias indebidas que pudieran existir de los cedentes de los activos cuando formaran parte del mismo grupo que la sociedad gestora. g) Someter sus cuentas anuales a la auditoría de cuentas (…) i) Velar por el mejor cumplimiento de todas las obligaciones previstas en esta Ley, en la legislación sobre mercados de valores y en el resto de la normativa aplicable, llevando registro de las operaciones sobre los servicios que prestan de forma que se pueda comprobar tal cumplimiento durante un periodo de, al menos, cinco años.*" En otras palabras, un perfecto decálogo de obligaciones fiduciarias.

5. PATRIMONIO ESPECIAL PROTEGIDO A FAVOR DE LAS PERSONAS CON DISCAPACIDAD

Ya no en el Derecho comercial, sino en lo que hace al Derecho civil español, cabe destacar muy especialmente el patrimonio protegido a favor de las personas con discapacidad creado por ley 41/2003 del 18 de noviembre de 2003.[106] Esta norma fue modificada, y en algunos aspectos complementada, por la

[106] Ley 41/2003, de 18 de noviembre, de protección patrimonial de las personas con discapacidad y de modificación del Código Civil, de la Ley de Enjuiciamiento Civil y de la Normativa Tributaria con esta finalidad (TOL318.743).

ley 8/2021[107] que adecuó el Derecho español a la Convención internacional sobre los derechos de las personas con discapacidad, hecha en Nueva York el 13 de diciembre de 2006.

En relación con este instituto Cámara Lapuente explica que: *"Hasta la fecha, en el ámbito de la persona y la familia, el intento más cercano de emular el trust a través del patrimonio de destino se ha acometido en la legislación estatal, de forma limitada e imperfecta, por medio de la L 41/2003, de 18 de noviembre que regula el patrimonio protegido de las personas con discapacidad (...), los patrimonios protegidos de la Ley 41/2003 pretenden ser «mecanismos para garantizar la afección» de los bienes y derechos a la satisfacción de las necesidades vitales de sus titulares."*[108]

Esta ley cuenta con una excelente exposición de motivos, bastando leer la misma para ver claramente que estamos frente a un patrimonio separado afectado a un fin, esto es, un fideicomiso. La citada exposición comienza explicando que esta ley 41/2003: "*tiene por objeto regular nuevos mecanismos de protección de las personas con discapacidad, centrados en un aspecto esencial de esta protección, cual es el patrimonial*". Asimismo, explica que "*uno de los elementos que más repercuten en el bienestar de las personas con discapacidad es la existencia de medios económicos a su disposición, suficientes para atender las específicas necesidades vitales de los mismos.*" Luego, y ya en concreto en lo que hace al tema de la creación del patrimonio, explica que "*el objeto inmediato de esta ley es la regulación de una masa patrimonial, el patrimonio especialmente protegido de las personas con discapacidad, la cual queda inmediata y directamente vinculada a la satisfacción de las necesidades vitales de una persona con discapacidad,*

107 Ley 8/2021, de 2 de junio, por la que se reforma la legislación civil y procesal para el apoyo a las personas con discapacidad en el ejercicio de su capacidad jurídica (TOL8.447.402).

108 Cámara Lapuente, S. (2011) *"Trusts y patrimonios fiduciarios: acerca de sus posibles aplicaciones en el derecho de la persona, familia y sucesiones y su eventual regulación"*, Diario La Ley, N° 7675, Sección Tribuna, Año XXXII, La Ley.

favoreciendo la constitución de este patrimonio y la aportación a título gratuito de bienes y derechos a la misma." En otras palabras, la creación de un fideicomiso familiar, con la única particularidad que su beneficiario debe ser una persona con discapacidad.

Finalmente, si alguna duda pudiera haber, la exposición de motivos agrega que: "*Los bienes y derechos que forman este patrimonio, que no tiene personalidad jurídica propia, se aíslan del resto del patrimonio personal de su titular-beneficiario, sometiéndolos a un régimen de administración y supervisión específico. Se trata de un patrimonio de destino, en cuanto que las distintas aportaciones tienen como finalidad la satisfacción de las necesidades vitales de sus titulares.*" Cuesta imaginar una más clara explicación de qué es un fideicomiso.

Se podría decir que la gran diferencia entre el régimen de comentamos y una ley general de fideicomiso familiar es la restricción en materia de beneficiarios dado que (nuevamente recurrimos a la exposición de motivos) los: "*Beneficiarios de este patrimonio pueden ser, exclusivamente, las personas con discapacidad afectadas por unos determinados grados de minusvalía, y ello con independencia de que concurran o no en ellas las causas de incapacitación judicial contempladas en el artículo 200 del Código Civil y de que, concurriendo, tales personas hayan sido o no judicialmente incapacitadas.*"

Tal como no podría ser de otra forma, la exposición de motivos explica que: "*La constitución requiere, inexcusablemente, de una aportación originaria de bienes y derechos, si bien una vez constituido el patrimonio cualquier persona con interés legítimo puede realizar aportaciones a dicho patrimonio.*" En este párrafo vemos que se recepta un elemento esencial del fideicomiso, esto es, que exista una transferencia de bienes del fiduciante (aportante) al fiduciario (propietario y administrador del patrimonio fiduciario), dado que si no hubiera bienes no se podría crear un patrimonio separado y estaríamos frente a otra figura del Derecho. En segundo lugar, el párrafo trata el caso de que existan múltiples fiduciantes (aportantes), lo que ya hemos explicado es perfectamente posible, y en muchos casos deseables dado que todas aquellas personas que desean favorecer al beneficiario pueden sumarse al patrimonio ya constituido con obvias ventajas prácticas.

Destacamos muy especialmente que los aportes al patrimonio no se sustraen de las reglas generales del Derecho. En este sentido, la exposición de motivos explica que: "*la existencia de este patrimonio, y el especial régimen de administración al que se somete el mismo, en nada modifican las reglas generales del Código Civil o, en su caso, de los derechos civiles autonómicos, relativas a los distintos actos y negocios jurídicos, lo cual implica que, por ejemplo, cuando un tercero haga una aportación a un patrimonio protegido mediante donación, dicha donación podrá rescindirse por haber sido realizada en fraude de acreedores, revocarse por superveniencia o supervivencia de hijos del donante o podrá reducirse por inoficiosa, si concurren los requisitos que para ello exige la legislación vigente.*" Ya hemos tratado en extenso este concepto, no es que por crearse un patrimonio separado (fideicomiso) se han de suspender y olvidar las reglas generales del Derecho. Va de suyo que si el aporte al patrimonio separado es en fraude de acreedores o en violación de normativa de orden pública, en tal caso el aporte no será válido.

Finalmente, se trata la administración del patrimonio estableciendo como regla general, que el administrador podrá realizar los actos de administración disposición que establezca el instrumento constitutivo y luego se determinan diferentes casos según sea la condición del beneficiario. Asimismo, se establece el régimen de contralor del Estado en la materia. En todo caso, el aspecto que deseamos destacar es que como ocurriría en cualquier fideicomiso, es el instrumento constitutivo el que fija las reglas base de la administración y disposición de los bienes del activo del patrimonio separado.

Como no podría ser de otra forma, el texto de la ley se refleja lo ya explicado por la exposición de motivos. Sin perjuicio de lo cual, resumimos los principales aspectos para ampliar los de mayor interés. El artículo 1ro en su parte pertinente dispone que: "*El objeto de esta ley es favorecer la aportación a título gratuito de bienes y derechos al patrimonio de las personas con discapacidad y establecer mecanismos adecuados para garantizar la afección de tales bienes y derechos, así como de los frutos, productos y rendimientos de éstos, a la satisfacción de las necesidades vitales de sus titulares. Tales bienes y derechos constituirán el patrimonio especialmente protegido de las personas con discapacidad.*" El texto es claro sobre el objetivo buscado por lo que no merece mayor comentario. El punto que deseamos destacar es que se ya se menciona que todo fruto, producto o rendimiento será afectado al mismo fin, lo que es coherente con ser parte del mismo patrimonio de destino.

El artículo 2 dispone en su parte pertinente que: "*El patrimonio protegido de las personas con discapacidad tendrá como beneficiario, exclusivamente, a la persona en cuyo interés se constituya, que será su titular.*" En lo que hace a la lógica jurídica, cabe resaltar que muy correctamente no se entiende como un patrimonio sin titular. Lo que llama la atención es que la ley tampoco considera que el titular es el administrador, sino que el titular es la persona con discapacidad. No se presente un punto que tenga una consecuencia práctica, dado que la separación patrimonial y las disposiciones en materia de administración son los elementos esenciales y están regulados, más allá que el administrador sea o no el titular del patrimonio.

En lo que hace a la forma de constitución y su publicidad el artículo 3 establece en su parte pertinente que: "*El patrimonio protegido se constituirá en documento público, o por resolución judicial [que] (…) tendrá, como mínimo, el siguiente contenido: a) El inventario de los bienes y derechos que inicialmente constituyan el patrimonio protegido. b) La determinación de las reglas de administración y, en su caso, de fiscalización, incluyendo los procedimientos de designación de las personas que hayan de integrar los órganos de administración o, en su caso, de fiscalización. (…) c) Cualquier otra disposición que se considere oportuna respecto a la administración o conservación del patrimonio protegido. Asimismo, el documento público o resolución judicial podrá establecer las medidas u órganos de control que estime oportunos para garantizar el respeto de los derechos, deseos, voluntad y preferencias del beneficiario, así como las salvaguardas necesarias para evitar abusos, conflicto de intereses e influencia indebida.*"

Por su parte, el artículo 4 de la ley que se analiza dispone sobre las formalidades del aporte de bienes estableciendo que: "*Las aportaciones de bienes y derechos posteriores a la constitución del patrimonio protegido estarán sujetas a las mismas formalidades establecidas en el artículo anterior para su constitución.*" En lo que hace a otros aportes, el mismo artículo continúa disponiendo que: "*Cualquier persona con interés legítimo, con el consentimiento de la persona con discapacidad con el apoyo que requiera, podrá aportar bienes o derechos al patrimonio protegido. Estas aportaciones de bienes o derechos deberán realizarse siempre a título gratuito, incluso a través de pacto sucesorio en aquellas legislaciones civiles vigentes que la permitan, y no estarán sujetas a término. Las aportaciones podrán efectuarse por la persona comisaria o titular de una fiducia sucesoria en nombre del comitente ya fallecido, en los supuestos regulados en las legislaciones civiles vigentes que lo permitan.* "Finalmente, tal como corresponde a todo patrimonio de destino o afectación, el artículo continúa diciendo que: "*Al hacer la aportación de un bien o derecho al patrimonio protegido, los aportantes podrán establecer el destino que deba darse a tales bienes o derechos o, en su caso, a su equivalente, una vez extinguido el patrimonio protegido* (…) *siempre que hubieran quedado bienes y derechos suficientes y sin más limitaciones que las establecidas en el Código Civil o en las normas de derecho civil, foral o especial, que, en su caso, fueran aplicables.*"

Finalmente, cabe destacar el artículo 8 relativo a la "*Constancia Registral*" que dispone que: "*La representación legal (…) se hará constar en el Registro Civil, en la forma determinada por su Ley reguladora.*" Para agregar que: "*Cuando el dominio de un bien inmueble o derecho real sobre el mismo se integre en un patrimonio protegido, se hará constar esta cualidad en la inscripción que se practique a favor de la persona con discapacidad en el Registro de la Propiedad correspondiente, conforme a lo previsto en la legislación hipotecaria. Si el bien o derecho ya figurase inscrito con anterioridad a favor de la persona con discapacidad se hará constar su adscripción o incorporación al patrimonio protegido por medio de nota marginal. La misma cons-*

tancia registral se practicará en los respectivos Registros respecto de los restantes bienes que tengan el carácter de registrables. Si se trata de participaciones en fondos de inversión o instituciones de inversión colectiva, acciones o participaciones en sociedades mercantiles que se integren en un patrimonio protegido, se notificará por el notario autorizante o por el juez, a la gestora de los mismos o a la sociedad, su nueva cualidad. (...) Cuando un bien o derecho deje de formar parte de un patrimonio protegido se podrá exigir por quien resulte ser su titular o tenga un interés legítimo la cancelación de las menciones o notas marginales a que se refiere el apartado anterior." El aspecto a destacar que es que se ha regulado la forma de registrar un bien que es titularidad de una persona (en este caso la persona discapacitada) pero que no es de su propio patrimonio sino de un patrimonio de destino. Esta disposición de la ley es de la mayor importancia dado que justamente este caso (esto es, un titular con un patrimonio ordinario y otro de destino) ha sido objeto de amplio debate en los Derechos que se incorporó el fideicomiso y en el caso de España el mismo ya ha sido resuelto, lo que es un importante paso a favor de la incorporación de la figura del fideicomiso.

En síntesis, bajo el Derecho Español se puede crear un patrimonio de afectación, que no tiene personería jurídica y que no se confunde con el patrimonio de terceros, afectando bienes a un destino especial bajo una administración con obligaciones fiduciarias a favor del beneficiario. En otras palabras, si bien restringido a beneficiarios con discapacidad y con ciertas particularidades, existe un régimen de fideicomiso familiar que muestra la indiscutible viabilidad de la figura.

6. NEGOCIO FIDUCIARIO

Cabe reiterar que por fideicomiso entendemos la creación de un patrimonio separado con un destino específico. En el negocio fiduciario no existe esta creación de un patrimonio separado, por lo que si bien existe similitudes por existir un encargo sobre un bien a un tercero, estamos frente a una figura diferente. El tratamiento del negocio fiduciario en España excede ampliamente el objeto del este trabajo, por lo que nos limitaremos a sólo mencionar un limitado número de sentencias y doctrina que entendemos serán ilustrativos de nuestro punto sobre la plena viabilidad de incorporar el fideicomiso en España.[109]

Manuel Jesús Marín López explica que *"el negocio fiduciario es aquel negocio en el que las partes utilizan una figura jurídica (normalmente la compraventa) con la intención de que produzca, no los efectos que les son típicos (transmisión definitiva de la propiedad), sino otros más débiles, como la custodia y ocultación de unos bienes (fiducia cum amico) o la garantía de un préstamo (fiducia cum creditore). Además, existe una desproporción entre el negocio jurídico celebrado (compraventa) y la finalidad perseguida por el mismo. Esa desproporción se explica por la confianza (fides) que el vendedor (fiduciante) deposita en el comprador (fiduciario). En la venta en garantía, que es el supuesto típico de fiducia cum creditore, el deudor transmite a su acreedor la propiedad de un bien para garantizarle el pago de una deuda, con la obligación por parte de éste de restituirle el bien cuando la obligación asegurada se haya cumplido. Externamente únicamente se ha celebrado un contrato de compraventa, pues el pactum fiduciae se mantiene oculto. El fiduciante transmite el bien en la confianza de que, producida la circunstancia señalada (por ejemplo, devolución del préstamo), el fiduciario devolverá el bien. (…) No constituye el negocio fiduciario una categoría unitaria y autónoma, sino que se trata de un artificio para obtener un resultado que cae dentro del ámbito de otra figura jurídica. Por eso el Código Civil no contiene una regulación propia de este tipo de negocio."*[110]

---

109 Para un análisis de la causa en los negocios de garantía fiduciaria ver: Galicia Aizpurua, G. (2012), *Causa y Garantía Fiduciaria,* Tirant lo Blanch, Valencia, 2012.

110 Marín López; M.J. (2024), Tratado de Contratos 4ª Edición. Tomos I, II, III, IV y V, Coordinadores: Nieves Moralejo Imbernon, Susana Quicios Molina, Rodrigo Bercovitz Rodríguez-Cano. Epígrafe: 18. Título epí-

Cruz Torres expresa que: *"el negocio fiduciario, o llámese negocio simulado relativamente es totalmente valido en el Derecho español y perfectamente compatible con la fiducie que ha sido el vehículo utilizado por Quebec, Suiza, Luxemburgo y Francia, para adaptar el trust a su entorno civilista los primeros y acercarse el ultimo.* (...) *Al reconocer que en el ordenamiento civilista existe esta figura cuya estructura y fines, tanto en la fiducia tipo gestión como en la de garantía, es homologable y análoga al trust, no vemos cómo puede seguirse desplazando en el panorama jurídico español o cualquier otro país que tenga raíces similares."* Cruz Torres explica que la figura del negocio fiduciario, si bien diferente al fideicomiso, podría ser la forma de dar validez bajo el Derecho español a un fideicomiso que tenga por objeto activos en España. En otras palabras, si bien no son lo mismo, el negocio fiduciario sería el más cercano al fideicomiso.[111]

Por su parte, García Mandaloniz explica que: "*Es reiterada la proclamación jurisprudencial que da por válido y eficaz el negocio fiduciario cum creditore contracta, al amparo de la libertad de pactos reconocida en el artículo 1255 del Código Civil, cuando no envuelve fraude de Ley. Así, por ejemplo, las STS 25 mayo 1944 (R. Ar. 1944, 800), 28 enero 1946 (R. Ar. 1946, 111), 23 febrero 1951 (R. Ar. 1951, 267), 22 mayo 1953 (R. Ar. 1953, 1964), 18 febrero 1965 (R. Ar. 1965, 882), 6 abril 1987 (R. Ar. 1987, 2494), 7 marzo 1990 (R. Ar. 1990, 1674), 13 mayo 1995 (R. Ar. 1995, 2422), 2 diciembre 1996 (R. Ar. 1996, 9784) o 4 julio 1998 (R. Ar. 1998, 5413).*" Y que: "*La confusión en la configuración y el tratamiento jurídico del negocio jurídico se puso de manifiesto en el Fundamento de Derecho cuarto de la*

---

grafe: §4 Requisitos esenciales del contrato. Elementos accidentales del contrato. IV. La causa del contrato. Puntos 321 y 322. (TOL1.810.935).

111 Cruz Torres, Z. (2018) *El trust anglosajón y el derecho internacional privado: Evolución y futuro,* Tesis Doctoral publicada por la Universidad de Zaragoza, 451–453. Repositorio de la Universidad de Zaragoza – Zaguan https://zaguan.unizar.es/record/94441

sentencia de la Audiencia Provincial de Tarragona núm. 170/2005 (Sección 3ª), de 17 de febrero (JUR. 2005/126045)."[112]

En esta línea, cabe mencionar la sentencia de la Audiencia Provincial de Tarragona[113] que expresó que: "*El negocio fiduciario en España, de confusa configuración y tratamiento jurídico, es, por un lado denostado por la jurisprudencia, incluso como de carácter defraudatorio, pero luego es utilizado por el legislador, aunque ocultándolo bajo otros ropajes del derecho civil, para conseguir finalidades deseables, como el ahorro colectivo (con los Fondos de Inversión Colectiva de carácter financiero (...), la promoción de la propiedad en alquiler (con los Fondos de inversión inmobiliaria (...) o la refinanciación hipotecaria (fondos de titulización hipotecaria (...) o la financiación de proyectos (como los bonos de titulización de activos..*" No se le escapará al lector que compartimos plenamente lo dicho, y por ello hemos comentado las principales figuras legales que, tal como lo expresa la Audiencia citada, son fideicomisos con otros ropajes. La sentencia más adelante agrega, en estas misma lógica, que: "*todos estos fondos, entre otros existentes en nuestro derecho, no son más que fiducias inspiradas en el trust anglosajón, pero adaptadas a nuestro derecho civil.*"

Finalmente, y ya con respecto al negocio fiduciario, la sentencia que comentamos explica que: "*En cualquier caso, el Tribunal Supremo entiende el negocio fiduciario como aquél que consiste en la atribución patrimonial que uno de los contratantes, llamado fiduciante, realiza a favor del otro, llamado fiduciario, para que éste utilice la cosa o el derecho adquirido mediante la referida asignación, para la finalidad que ambos pactaron (Sentencia del Tribunal Supremo de 2 de diciembre del 1996 [RJ 1996, 8784]) y que un contrato fiduciario aparece definido jurisprudencialmente como aquel convenio anómalo*

---

112 García Mandaloniz, M. (2005) *"El "aterrizaje forzoso" del trust en nuestro sistema de derecho civil"*, Derecho de los Negocios, nº 183, nº 16, 17-22. En particular recomendamos ver sus notas 16 y 17.

113 Audiencia Provincial de Tarragona (Sección 3ª) Sentencia num. 170/2005 de 17 febrero de 2005 (JUR\2005\126045) (TOL640.603).

en el que concurren dos contratos independientes, uno, real, de transmisión plena del dominio, eficaz erga omnes y otro, obligacional, válido inter partes, destinado a compeler al adquirente a actuar de forma que no impida el rescate de los bienes cuando se dé el supuesto obligacional pactado» (Sentencia del Tribunal Supremo de 19 de junio de 1997 [RJ 1997, 5418]). Habiendo explicitado el Alto Tribunal, en lo atinente a la validez y eficacia del negocio fiduciario, que su validez y eficacia está reconocida y proclamada por reiterada Jurisprudencia (Sentencia de 6 de abril de 1987 [RJ 1987, 2494]), cuando no envuelve fraude de Ley, (Sentencia ya citada de 2 de diciembre de 1996)."

Si bien un análisis de la jurisprudencia del Tribunal Supremo en la materia excede el objeto de este breve comentario, cabe citar un caso que entendemos especialmente ilustrativo. En el mismo, en 2007,[114] el Tribunal Supremo expresa que en el caso hay: "*un comportamiento que revela la presencia de una fiducia cum amico, un acuerdo entre madre e hijo por medio del cual ella adquiría la vivienda, usando su condición de arrendataria a la que se dirige la oferta, para el mismo hijo, a reserva del derecho de usufructo.*" Luego de explicar la caracterización del caso, el Tribunal hace un interesantísimo *racconto* de su propia jurisprudencia diciendo que: *"La posibilidad, y la licitud, de la fiducia cum amico ha sido establecida con claridad por la jurisprudencia, en Sentencias como las de 16 de julio de 2001, 17 de septiembre de 2002 y 13 de febrero de 2003, entre las más recientes. La primera de las citadas (16 de julio de 2001), en que con justeza se remontaba el instituto a las Instituciones de Gayo (II, 60) decía que en esta modalidad de negocio "el fiduciario se compromete a tener la cosa en beneficio del fiduciante o de un tercero (beneficiario), de tal modo que no ostenta una titularidad real, pues no es auténtico dueño, sino que solo tiene una titularidad formal (en el sentido de aparente), caracterizándose precisamente la figura de que se trata por predominar el interés del fiduciante, lo que acentúa la nota de confian-*

---

114 TS (Sala de lo Civil, Sección 1ª) Sentencia num. 460/2007 de 7 mayo de 2007, RJ\2007\3559 (TOL1.079.726).

za". Y la Sentencia de 30 de abril de 1992 destacaba la proximidad al mandato de la figura, en un supuesto en que se utilizaba una sociedad, caracterizada como pequeña empresa, para conseguir un préstamo que iba a beneficiar a determinados socios. La Sentencia de 8 de febrero de 1996, recogiendo doctrina que ya se contenía en las de 3 de marzo de 1932, 14 de octubre de 1959, 6 de octubre de 1977 y 3 de enero de 1978, consideraba la validez del contrato no obstante haberse expresado una causa falsa, cuando se demuestra que está basado en una verdadera y válida, doctrina que sigue vigente, en Sentencias como las de 19 de diciembre de 1999 SIC, 1 de abril de 2000, 2 de abril de 2001, 23 de octubre de 2002, entre otras. Esta posición, que caracterizadísima doctrina consideró como "fiduciaria en sentido lato" se basa, en definitiva, en una adquisición realizada por encargo, un mandato para adquirir."

Finalmente, el Tribunal Supremo vuelve al caso concreto, y más importante lo encuadra jurídicamente, explicando cómo este encuadre se inserta en su jurisprudencia en la materia, explicando que: "*El hijo encarga a la madre (única que puede aprovechar la oferta por su condición de arrendataria) que adquiera para él (y su esposa), a cuyo efecto verifica el pago de precio más impuestos y gastos, para que, con reserva del usufructo, la madre le transmita, como beneficiario definitivo. La segunda escritura es, de este modo, un acto de transferencia sobre cuya naturaleza ya había hipotizado la doctrina que habría de ser, en la mayor parte de las ocasiones, una escritura simulada, lo que carece de importancia en el contexto negocial, pues el mandante ya adquirido, dando sentido con ello a lo previsto en el artículo 1717 del Código civil, como ha dicho esta Sala en un conjunto de decisiones que constituyen una línea constante, como las de 22 de mayo de 1964, 22 de noviembre de 1965, 26 de noviembre de 1970, sin necesidad de que el mandatario otorgue un documento en que el mandatario confiese o testimonie el origen del dinero con el que adquiere (lo que ocurre, en cambio, en las Sentencias de 26 de mayo de 1950, 3 de junio de 1953, y 19 de diciembre de 1963). Una línea que sigue en las Sentencias de 16 de mayo de 1983, 24 de junio de 1984 SIC, 14 de octubre de 1989, 13 de abril de 1994, 18 de enero y 4 de julio de 2000, entre otras. La doctrina lo ha explicado al señalar que "el mandante adquiere una pro-*

piedad sustancial, mientras que el mandatario, frente a terceros ajenos al mandante, desconocedores del mandato, una propiedad formal". A lo que se añadiría, según la autorizada doctrina a que nos referimos, que se trata "en suma, de algo idéntico a lo que ocurre en el negocio fiduciario, entre fiduciante y fiduciario". Por ello, no cabe apoyar en el carácter simulado de la segunda compraventa, ni en la inexistencia de precio, la nulidad, sino que hay que estar a la irrelevancia de la causa expresada, cuando sustancialmente se trata de completar, según el diseño negocial establecido, el iter transmisivo, intitulando a favor del mandante o fiduciante el bien que para él, en definitiva, se ha adquirido."

En síntesis, el negocio fiduciario conlleva un encargo en relación con un bien, siendo este encargo generalmente secreto conllevando una simulación lícita. Tal como dijimos, esto no es un fideicomiso dado que no se constituye un patrimonio separado y dado que la afectación de los bienes en un fideicomiso es pública y plenamente oponible a terceros. Si bien destacamos que el encargo de un fideicomiso puede ser privado. En otras palabras, el fideicomiso y los negocios fiduciarios no son lo mismo. En el fideicomiso la calidad de afectación del bien a un patrimonio de destino es pública, y cualquier debate en torno al funcionamiento y validez del negocio fiduciario no es aplicable al fideicomiso, por no existir ni simulación ni una carencia de causa u ocultación alguna. Sin embargo, la aceptación del negocio fiduciario sí es un elemento más a favor de la total viabilidad de incorporar el fideicomiso en el Derecho español.

7. BREVE COMENTARIO PROCESAL Y FISCAL

En materia procesal, cabe destacar que el artículo 6 de la Ley de Enjuiciamiento Civil 1/2000[115] incluye las "*masas patrimoniales y patrimonios separados*" y las "*entidades sin personalidad jurídica a la*

115 Ley 1/2000, de 7 de enero, de Enjuiciamiento Civil (TOL172.336)

que la ley reconozca capacidad para ser parte", entre otras. Lo dicho muestra que la discusión que existiera en otros países sobre la posibilidad de que un fideicomiso sea parte activa o pasiva en un proceso en España no existiría dado que está específicamente previsto. Recordemos que el citado artículo dispone: "*Artículo 6. Capacidad para ser parte. 1. Podrán ser parte en los procesos ante los tribunales civiles: 1.º Las personas físicas. 2.º El concebido no nacido, para todos los efectos que le sean favorables. 3.º Las personas jurídicas. 4.º Las masas patrimoniales o los patrimonios separados que carezcan transitoriamente de titular o cuyo titular haya sido privado de sus facultades de disposición y administración. 5.º Las entidades sin personalidad jurídica a las que la ley reconozca capacidad para ser parte. 6.º El Ministerio Fiscal, respecto de los procesos en que, conforme a la ley, haya de intervenir como parte. 7.º Los grupos de consumidores o usuarios afectados por un hecho dañoso cuando los individuos que lo compongan estén determinados o sean fácilmente determinables. Para demandar en juicio será necesario que el grupo se constituya con la mayoría de los afectados. 8.º Las entidades habilitadas conforme a la normativa comunitaria europea para el ejercicio de la acción de cesación en defensa de los intereses colectivos y de los intereses difusos de los consumidores y usuarios. 2. Sin perjuicio de la responsabilidad que, conforme a la ley, pueda corresponder a los gestores o a los partícipes, podrán ser demandadas, en todo caso, las entidades que, no habiendo cumplido los requisitos legalmente establecidos para constituirse en personas jurídicas, estén formadas por una pluralidad de elementos personales y patrimoniales puestos al servicio de un fin determinado.*" En resumen, es clara la legitimación activa y pasiva de entes que son patrimonios de afectación.

Por su parte, similar comentario cabe hacer en materia tributaria. Se destaca que los fondos de inversión, los fondos de pensiones, los fondos de capital de riesgo y los fondos de titulización son considerados sujetos fiscales del Impuesto sobre Sociedades mostrando que desde una perspectiva fiscal tampoco existiría un obstáculo a la incorporación de un patrimonio de afectación como sujeto de impuestos. En esta línea, el artículo 7 de la Ley 27/2014, de 27 de noviembre, del Impuesto sobre Sociedades[116] considera que son sujetos, entre otros, los siguientes "*a) Las personas jurídicas, excepto las sociedades civiles. b) Los fondos de inversión, regulados en la Ley de instituciones de inversión colectiva. (...) d) Los fondos de capital-riesgo (...). e) Los fondos de pensiones (...). f) Los fondos de regulación del mercado hipotecario (...). g) Los fondos de titulización hipotecaria, (...). h) Los fondos de titulización de activos (...). i) Los Fondos de garantía de inversiones. (...).*"

En síntesis, al igual que con tantos países que incorporaron el fideicomiso, o que regularon el tratamiento de los fideicomisos del exterior, no existe óbice a que se los considere sujetos fiscales si tal fuera el criterio del legislador.

116 (TOL4.554.400)

Capítulo XIV: Instituciones Análogas o Similares al Fideicomiso en las Comunidades Autónomas

Recordemos que el artículo 149.1.8.a de la Constitución Española,[117] al distribuir las facultades legislativas, dispone que: "*El Estado tiene competencia exclusiva sobre las siguientes materias: (...) 8.ª Legislación civil, sin perjuicio de la conservación, modificación y desarrollo por las Comunidades Autónomas de los derechos civiles, forales o especiales, allí donde existan. En todo caso, las reglas relativas a la aplicación y eficacia de las normas jurídicas, relaciones jurídico-civiles relativas a las formas de matrimonio, ordenación de los registros e instrumentos públicos, bases de las obligaciones contractuales, normas para resolver los conflictos de leyes y determinación de las fuentes del Derecho, con respeto, en este último caso, a las normas de derecho foral o especial.*" A lo dicho se debe sumar los estatutos de autonomía, y lo dispuesto por el artículo 13.2 del Código Civil que dispone que: "*con pleno respeto a los derechos especiales o forales de las provincias o territorios en que están vigentes, regirá el Código Civil como derecho supletorio, en defecto del que lo sea en cada una de aquéllas según sus normas especiales.*"

En virtud de lo dicho, en materia de Derecho civil nacional español, el mismo es de aplicación supletoria por si las comunidades autónomas no han regulado la materia. Por lo que cabe preguntarse si existe en la legislación de las comunidades autónomas la regulación de figuras análogas o equivalentes al fideicomiso. Una vez más reiteramos, la pregunta no busca un detalle de todas y cada

---

117 (TOL173.304).

una de las figuras que existan, sino sólo ver las que mostrarían la viabilidad de incorporar al fideicomiso en España mostrando que lejos está de ser una institución exótica en el Derecho español. Son ejemplos de institutos relevantes, pero sobre los cuales no ampliaremos, la fiducia sucesoria en Baleares y en el País Vasco, remitiéndonos a la excelente bibliografía sobre los mismos.

1. EL PATRIMONIO PROTEGIDO Y FIDEICOMISO CATALÁN

El primer instituto jurídico que destacamos es el patrimonio protegido catalán en favor de personas con discapacidad. En relación con el mismo Eduardo Hijas sostiene que: *"Hasta la fecha la única trasposición completa de la figura del trust está representada por el patrimonio protegido catalán. Su configuración se recoge en el artículo 227.2, muy similar al modelo de fiducie de Quebec: "... comporta la afectación de bienes aportados a título gratuito por el constituyente, así como de sus rendimientos y subrogados, a la satisfacción de las necesidades vitales del beneficiario... es un patrimonio autónomo, sin personalidad jurídica, sobre el cual el constituyente, el administrador y el beneficiario no tienen la propiedad ni ningún otro derecho real." (...) Es, por tanto, una concepción que va más allá del patrimonio separado francés, para configurarlo como un patrimonio autónomo, sin titular."* [118]

Esta figura jurídica fue incorporada por la Ley 25/2010, del 29 de julio de 2010, en los artículos 227.1 al 227.9 del libro Código Civil de Cataluña, relativo a la persona y la familia.[119] En particular, el artículo 227.2 dispone: "*Patrimonio protegido. 1. El patrimonio protegido comporta la afectación de bienes aportados a título*

---

118 Hijas, E. (2017) *¿Se puede adaptar el trust al ordenamiento jurídico español?*, Revista El notario del siglo XXI: revista del Colegio Notarial de Madrid, Nº. 72, 183-187.

119 (TOL1.904.054).

gratuito por el constituyente, así como de sus rendimientos y subrogados, a la satisfacción de las necesidades vitales del beneficiario. Se identifica mediante la denominación que consta en la escritura de constitución y es un patrimonio autónomo, sin personalidad jurídica, sobre el cual el constituyente, el administrador y el beneficiario no tienen la propiedad ni ningún otro derecho real. 2. El patrimonio protegido no responde de las obligaciones del beneficiario, ni tampoco de las del constituyente o de quien hizo aportaciones. Sin embargo, las aportaciones efectuadas a un patrimonio protegido después de la fecha del hecho o del acto del que nazca el crédito no perjudican a los acreedores de la persona que las efectuó, si faltan otros recursos para cobrarlo. Tampoco perjudican a los legitimarios."

De la mera lectura del texto citado no cabe sino concluir que estamos frente a un fideicomiso, un patrimonio autónomo, sin personalidad jurídica, que es afectado a un fin. Cabe el comentario de que no existe un titular. La norma es clara que ni el fiduciante/constituyente, ni el administrador ni el beneficiario son propietarios. Sin embargo, no vemos que esta solución legislativa altere la conclusión de que estamos frente a un fideicomiso, cuyo modelo nos es el más difundido sino el utilizado por Quebec y Chequia.

Cabe agregar a lo dicho que el artículo 227.1 intitulado "Beneficiarios", establece que: *"Podrán ser beneficiarios de bienes protegidos establecidos de conformidad con este capítulo: las personas con discapacidad psíquica igual o superior al 33 por ciento o con discapacidad física o sensorial. discapacidad igual o superior al 65%. También pueden hacerlo las personas que se encuentren en situación de dependencia de grado II o III, según la legislación aplicable."* Es claro entonces que estos patrimonios protegidos únicamente pueden ser en beneficio de discapacitados, por lo que si bien la institución del fideicomiso existe, lo es sólo en ámbito de la protección de los discapacitados, lo que desde ya es muy encomiable, pero que no quita que sería deseable que sea a favor de cualquier otra persona.

"Fideicomiso" Catalán

Cabe mencionar que en el Código Civil Catalán se utiliza la expresión "fideicomiso" para referirse a la sustitución fideicomisaria. Tal como ya lo hemos hecho al tratar el Derecho nacional español, no se debe confundir ambos institutos. Pedro Botello Hermosa explica que: "*tal confusión se debe, en mi opinión, a la originaria Compilación de Cataluña de 1960 (Texto Refundido de 19 de julio de 1984) donde, por un lado, se regulaba el fideicomiso puro, y por el otro, la sustitución fideicomisaria o fideicomiso de sustitución.*" Continua explicando el autor que el fideicomiso puro fue eliminado del Derecho Catalán en 1991 "*al aprobar el Código de Sucesiones catalán (Ley 40/1991, de 30 de diciembre), el cual regula la institución fideicomisaria en su capítulo VII de forma amplia y completa, concretamente entre sus artículos 180 a 249.*" Para concluir que: "*de lo que no me cabe ninguna duda es de que cuando el C.c. Catalán hace referencia al fideicomiso está dirigiéndose a la sustitución fideicomisaria y no al fideicomiso puro*". [120]

El "Fideicomiso" al que nos referimos es el previsto en el artículo 426-1 a 59 de la Ley 10/2008, de 10 de julio, del libro cuarto del Código Civil de Cataluña, relativo a las sucesiones. Si bien este instituto se denomina "Fideicomiso" reiteramos que en rigor de verdad, es una sustitución fideicomisaria, y tal como es obvio por su ubicación, es una institución del derecho hereditario. El artículo 426-1 dispone que: "*En el fideicomiso, el fideicomitente dispone que el fiduciario adquiera la herencia o el legado con el gravamen de que, una vez vencido el plazo o cumplida la condición, hagan tránsito al fideicomisario.*"

En lo que hace a la forma de creación el artículo 426-2 establece que "*pueden ordenarse en pacto sucesorio, testamento, codicilo y donación por causa de muerte.*" En lo que hace al objeto, el artículo 426-3 dice

---

[120] Botello Hermosa, P.I. (2016) "El incomprensible uso como sinónimos de dos figuras jurídicas diferentes: el fideicomiso y la sustitución fideicomisaria", *Revista Crítica de Derecho Inmobiliario,* N.° 756, pág. 2271.

que "*1. El fideicomiso de herencia o universal tiene por objeto la misma herencia o cuota de esta deferida al heredero fiduciario, o bien una masa de bienes genéricamente diferenciada que el fideicomitente haya adquirido como heredero de otra persona. 2. El fideicomiso particular tiene por objeto el mismo legado deferido al legatario o una parte alícuota de éste.*"

En lo que hace a los límites, el artículo 426-10 dispone que: "*1. El fideicomitente puede llamar sucesivamente al fideicomiso al número de fideicomisarios que quiera, siempre y cuando se trate de personas vivas en el momento de su muerte. La eficacia de estos llamamientos excluye la de llamamientos ulteriores a fideicomisarios no nacidos ni concebidos en el momento de la muerte del fideicomitente. 2. El fideicomitente puede llamar a fideicomisarios que aun no hayan nacido en el momento de su muerte. En este caso, solo puede llegar a ser efectivo un solo llamamiento. En los fideicomisos familiares, o sea, los fideicomisos en que los fideicomisarios son descendientes, hermanos o sobrinos del fideicomitente, este, además de hacer uso de la facultad que le reconoce el apartado 1 y, alternativamente, de la que le reconoce el apartado 2, puede llamar sucesivamente al fideicomiso a personas que no pasen de la segunda generación, sin limitación en el número de llamamientos. Se entiende por primera generación la de los hijos o sobrinos del fideicomitente. 4. Si el fiduciario es una persona jurídica, el fideicomiso tiene una duración máxima de treinta años. 5. Los llamamientos de fideicomisarios que superen los límites establecidos por el presente artículo se consideran no hechos.*"

Cabe destacar que se prevé la posibilidad de la constitución tácita. En este sentido, el artículo 426-13 dispone que "*1. El fideicomiso puede establecerse expresa o tácitamente. 2. Para que se entienda que el fideicomiso se impone tácitamente es preciso que la voluntad de ordenarlo se infiera claramente del contenido de la disposición.*" *Sin embargo, la interpretación es restrictiva, según lo dispuesto por el artículo 426-14 "1. Si se duda sobre si el testador ha ordenado un fideicomiso o ha formulado una recomendación o un simple ruego, se entiende esto último. 2. Si se duda sobre si una sustitución es vulgar o fideicomisaria, se entiende que es vulgar. 3. En caso de duda, se entiende que el fideicomiso es ordenado para después de la muerte del fiduciario y con carácter de condicional para el caso de que muera sin dejar hijos.*"

Se prevé expresamente el fideicomiso de residuo, según lo dispuesto por el artículo 426-51 que establece que "*En el fideicomiso de residuo, el fideicomitente faculta al fiduciario para disponer, en todo o en parte, de los bienes fideicomisos. También existe fideicomiso de residuo cuando el fideicomitente establece que los bienes de los que no haya dispuesto el fiduciario deben hacer tránsito al fideicomisario, o cuando se subordina el fideicomiso al hecho de que, al morir el fiduciario, queden en la herencia o el legado fideicomisos bienes de los que este no haya dispuesto.*"

En síntesis, en Cataluña existe una figura legal de fideicomiso (y otra de sustitución fideicomisaria que es llamada de fideicomiso pero no lo es), que una vez más muestra que el patrimonio de afectación fiduciario no sería una institución ajena al derecho civil de esta Comunidad.

2. PATRIMONIO PROTEGIDO Y FIDUCIA EN NAVARRA

Navarra también posee la institución de los patrimonios protegidos, los que según la Compilación del Derecho Civil Foral de Navarra,[121] se pueden constituir a favor de "*las personas con discapacidad o dependencia que formen parte de la comunidad o grupo familiar, aun sin convivencia, mediante la aportación a título gratuito de bienes y derechos a su patrimonio y el establecimiento de las medidas necesarias para determinar su afección y el destino de sus rendimientos a subvenir a sus necesidades, sin perjuicio de lo establecido en las Leyes generales o especiales sobre su protección patrimonial.*" La normativa bajo examen agrega que: "*Dichos patrimonios se regirán por lo dispuesto en el acto de su constitución, que no otorgará titularidades ni derechos reales al beneficiario. El patrimonio no responderá de las obligaciones posteriores a su constitución distintas a su destino que pudieran corresponder al beneficiario, al constituyente o a las demás personas que realizaron las aportaciones.*"

---

121 (TOL145.197).

Un segundo, y muy relevante ejemplo, lo encontramos en la "Fiducia sucesoria" sobre la cual la Compilación dice que: *"El causante puede delegar en fiduciarios-comisarios o en herederos de confianza la facultad de disponer u ordenar la herencia, bien libremente, bien conforme a instrucciones reservadas."*

Fiducia en Garantía

Finalmente, el instituto que quisiéramos destacar es la Fiducia en Garantía en Navarra. La Compilación en su Ley 466 dispone bajo el título "Fiducia" que: "*Por la fiducia de garantía se transmite al acreedor la propiedad de una cosa o la titularidad de un derecho mediante una forma eficaz frente a terceros. Cumplida la obligación garantizada, el transmitente podrá exigir del fiduciario la retransmisión de la propiedad o del derecho cedido; el fiduciario, en su caso, deberá restituir y responder con arreglo a lo establecido para el acreedor pignoraticio en la ley cuatrocientos setenta. No obstante, si así se hubiere pactado, podrá el acreedor, en caso de mora del deudor, adquirir irrevocablemente la propiedad de la cosa o la titularidad del derecho, y quedará extinguida la obligación garantizada.*"

Cabe mencionar que Ley 470 dispone: "*Responsabilidad. El acreedor, salvo pacto en contrario, responderá del hurto, pero no del robo ni de otro caso fortuito.*" Y "*Restitución. El acreedor deberá restituir la cosa en el mismo estado en que la recibió y justificar, en su caso, la imputación de los frutos percibidos.*"

Se sigue de lo dicho que existe un derecho real de garantía que consiste en la transferencia de la propiedad para garantizar una deuda y que ante el incumplimiento permite que el titular de la propiedad en fiducia quede como dueño pleno sobre la misma. Si el deudor sí cumpliera, tendría derecho a la restitución del bien. Tal como hemos explicado, que lo que caracteriza el fideicomiso es que se crea un patrimonio separado. Y en el caso bajo examen, si bien existen fuertes argumentos para entender que el bien no es propiedad plena sino sujeta a una obligación posterior de restituir y no se goza de los frutos, lo cierto es que no es claro que se cree un patrimonio separado. Por lo que se puede decir que es una institución que, sin ser un fideicomiso en garantía, sí muestra que el concepto de fideicomiso en garantía no es ajeno a los derechos de las comunidades autónomas.

A modo ilustrativo, y con el fin de mostrar la vigencia y utilización de la fiducia Navarra cabe citar la resolución de 14 de julio de 2016, de la Dirección General de los Registros y del Notariado[122], que tal como su resumen explica es la resolución del "*recurso interpuesto contra la nota de calificación del registrador de la propiedad de Aoiz nº 1, por la que se suspende la inscripción del pleno dominio de una finca transmitida en fiducia al acreedor, constituida conforme a derecho navarro, por impago de la cantidad prestada.*"

En síntesis, se constituyó una fiducia, que se registró en el correspondientes Registro, sobre una finca bajo el Derecho Navarro, y ante el incumplimiento del deudor el acreedor solicita la inscripción del dominio pleno pero sufre la objeción del registrador de la Propiedad de Aoiz. La escritura de constitución de fiducia disponía que: "*Para que la parte acreedora pueda inscribir la transmisión de la propiedad de la finca reseñada, transcurrido el plazo fijado sin que la parte deudora haya pagado la suma adeudada, será suficiente a todos los efectos procedentes, incluso registrales, el correspondiente requerimiento notarial de pago y el transcurso del plazo de un mes y un día a contar de la notificación a la parte deudora sin que haya tenido lugar el pago. Para inscribir en el Registro de la Propiedad la cancelación de la fiducia y la devolución de la propiedad a la parte deudora, será necesaria la correspondiente escritura pública de carta de pago y cancelación de garantía (...) Los fiduciarios vienen obligados, durante el plazo de vigencia de la fiducia, a cuanto determina la Ley 470 de la compilación del Derecho civil de Navarra.*"

---

122 Esta Dirección es el órgano encargado de resolver los recursos contra las calificaciones de los Registros de la Propiedad, Mercantiles y de Bienes Muebles de España. La resolución que se analiza fue publicada en el Boletín Oficial del Estado (DOE) Núm. 196 Sec. III. Pág. 59.990 del 15 de agosto de 2016 (BOE-A-2016-7885).

Tal como claramente explica la resolución, llegado el vencimiento del pago de la deuda garantizada con la fiducia, ante el incumplimiento se practicaron dos requerimientos de pago por vía notarial. Sin embargo, el Registrador suspende la inscripción sosteniendo que por existir una oposición del deudor se debe recurrir a los Tribunales de Justicia para que decidan sobre la inscripción. El acreedor alega, entre otros puntos, que: "*si la mera oposición del deudor ya es causa suficiente y eficiente para denegar la inscripción se produciría una doble consecuencia jurídica no querida por nuestro ordenamiento jurídico:–De un lado, que el cumplimiento del negocio jurídico se dejaría en manos de una de las partes, y especialmente, del incumplidor, pues en este caso, el fiduciante no ha pagado ninguna cantidad ni por principal ni por intereses. Este efecto no es querido por el art. 1.256 del Código Civil, que precisamente lo prohíbe.–De otro lado, dejaríamos en vacío el propio derecho de fiducia. Nótese que la Ley 466 de la de la Compilación del Derecho Civil de Navarra, no determina de forma automática la transmisión de la propiedad a favor del fiduciario, sino que para que tal opción sea efectiva, requiere de pacto expresa entre ambas partes de la fiducia. Que es precisamente lo que ocurrió en este caso, donde ambas partes pactaron no sólo la posibilidad de consolidación del dominio a favor del fiduciario, sino además, fijaron los requisitos registrales para que tal consolidación tuviera lugar (requerimiento de pago vencido el plazo de dos años para la devolución de la deuda y requerimiento de pago concediendo un último plazo de un mes y un día).*" Para agregar que el Derecho Navarro sí permite el pacto comisorio.

El Director General explica que la cuestión a resolverse es determinar si en una fiducia en garantía bajo la Ley 455 del Fuero Nuevo de Navarra "*es posible la adquisición irrevocable por el fiduciario, por la simple mora del deudor o, por el contrario, si consta en el Registro la oposición del deudor por la presentación de unas declaraciones del mismo, no cabe esa adquisición irrevocable.*"

Para fundar su decisión el Director General explica que con base en la Ley 466 "*es indiscutible la admisión de la fiducia «cum creditore» en Derecho navarro.*" Y explica que a la fiducia se le suma "*un pacto comisorio, plenamente admitido por el legislador navarro en este caso, a diferencia de lo que ocurre en Derecho común (artículo 1859 del Código Civil).*" Esta diferenciación de institutos es fundamental para comprender la decisión del Director General, dado que explica que: "*Debe tenerse en cuenta, no obstante, que el pacto comisorio no es de esencia de la fiducia en garantía, puede existir o no, sin alterar por ello las obligaciones de fiduciante (entregar la cosa y pagar la deuda en los términos de las leyes 493 y siguientes del fuero Nuevo y 1157 y siguientes del Código Civil) y fiduciario (conservar la cosa y devolverla cuando reciba el pago).*" Compartimos el punto hecho por el Director General, no necesariamente la fiducia en garantía (ni el fideicomiso en garantía) conllevan el pacto comisorio.

El Director General sigue su razonamiento diciendo: "*que sea plenamente admisible en el Derecho navarro la fiducia «cum creditore» y el pacto comisorio, no significa que, existiendo oposición por parte del deudor, dichas garantías tengan plena eficacia automática en el ámbito extrajudicial. Hay que significar que para que surtan eficacia dichas garantías se exige como primera premisa, que el deudor haya incumplido su obligación. En este sentido, existiendo oposición por parte del deudor respecto del hecho del incumplimiento, compete a la autoridad judicial declararlo así. En el supuesto de que efectivamente, por sentencia firme, se declare el incumplimiento del deudor, la fiducia «cum creditore» y el pacto comisorio desplegarán toda su eficacia, de manera que el acreedor devendrá propietario definitivo del bien dado en fiducia, sin necesidad de proceder a un proceso de ejecución dineraria sobre bienes inmuebles.*"

En virtud de lo dicho, el Director General concluye que: "*Toda vez que existe oposición relacionada con la prestación exigida por parte de la parte deudora, compete a la autoridad judicial determinar si se ha producido el impago, como primera premisa para que el pacto comisorio pueda desenvolver sus efectos.*" Y fundamenta, explicando que "*formulada oposición por el deudor, deberá el acreedor acreditar en el correspondiente proceso judicial los presupuestos del comiso, esto es, la existencia de un incumplimiento, grave (Sentencia del Tribunal Supremo de 21 de septiembre de 1993, en relación con el pacto comisorio regulado como excepción a la regla general prohibitiva en el artículo 1504 del Código Civil), que frustre el fin del contrato por la conducta del deudor, sin hallarse causa razonable que justifique esa conducta (Sentencias del Tribunal Supremo de 18 de diciembre de 1991, 14 de febrero y 30 de marzo de 1992, 22 de marzo de 1993 y 20 de febrero y 16 de marzo de 1995, en relación igualmente con la condición resolutoria del artículo 1504 del Código Civil).*"

Cabe resumir lo dicho de la siguiente forma: (i) la fiducia Navarra no crea un patrimonio autónomo (o al menos no es claro e indubitable) por lo que no es un fideicomiso en garantía; (ii) pero es un instituto que muestra que es perfectamente posible la incorporación del fideicomiso en garantía en el Derecho español, y (iii) por supuesto, para evitar dudas, será necesario regular si existe pacto marciano, pacto comisorio (y en este caso si la oposición del acreedor es o no eficaz para suspender la inscripción del dominio pleno), venta extrajudicial o se requerirá de ejecución judicial, o si (tal como creemos es lo más razonable) dependerá del carácter del fiduciario y/o de los bienes fideicomitidos.

3. FIDUCIA EN ARAGÓN

La fiducia en Aragón está regulada en el Libro Tercero, Título IV del *Código del Derecho Foral de Aragón*[123] en los artículos 439 a 463. Este régimen jurídico puede crearse a favor de una o varias personas. Esta fiducia ha sido analizada por el Tribunal Superior de Aragón[124] en una sentencia en el que se señalaba que la creación o revocación de este régimen jurídico podía hacerse sin necesidad de utilizar las formas de los testamentos en Aragón. Estas personas deben seguir la última voluntad del testador. Esto deberá hacerse mediante escritura o testamento

---

123 Decreto Legislativo 1/2011, de 22 de marzo, del Gobierno de *Aragón*, por el que se aprueba, con el título de «Código del *Derecho Foral* de *Aragón*», el Texto Refundido de las Leyes civiles *aragonesas* (TOL2.059.876)

124 Tribunal Superior, Sala de lo Civil y Penal, Sección 1ª en Sentencia núm. 27/2017, de 22 de diciembre de 2017 (RJ\2017\6253) (TOL6.513.698).

formal estableciendo los bienes incluidos en esta fiducia. El fiduciario deberá cumplir sus funciones en el plazo fijado por el testador; si no se fija plazo alguno, debe entenderse que estos deberes deben cumplirse en un plazo de tres años desde la muerte del testador. Se considerará que durante el período de la fiducia el patrimonio no se ofrece al heredero final y el patrimonio será administrado por el fiduciario.

En conclusión, tras este breve comentario de algunos institutos del derecho de las comunidades autónomas, se puede concluir que sí existe el concepto de patrimonios de finalidad específica y que existen instituciones jurídicas análogas a los fideicomisos. Pero también es cierto que tienen un uso restringido a la materia sucesoria o a ciertos beneficiarios. Sin embargo, nuevamente cabe reiterar, que estos institutos muestran la posibilidad de perfecta asimilación de la institución del fideicomiso en España.

Capítulo XV: Convergencia con el Derecho Internacional

Inevitablemente, los españoles tienen interacción con fideicomisos del exterior. Puede ser como fiduciantes, como beneficiarios o incluso como fiduciarios. Sólo como un ejemplo, cabe destacar que España es uno de los principales inversores en Latinoamérica, región en la cual ya explicamos existe fideicomiso desde hace décadas, y por ende existen multiplicidad de empresas españolas beneficiarias de fideicomiso de administración o de garantía. Urquizo Cavallé explica que: "*El fideicomiso es un instrumento financiero utilizado en la mayoría de países de América Latina. España es el principal inversor extranjero en muchos de estos países, y cada vez es mayor su participación en proyectos relacionados con negocios fiduciarios.*" [125]

Otra obvia interacción es el caso de fideicomisos que tienen inmuebles en España. De hecho, un claro ejemplo de necesidad de receptar el fideicomiso, es la registración de inmuebles en España que pertenecen a fideicomisos del exterior. Sonia Martín Santisteban explica que: "*Para evitar los problemas ligados al desconocimiento de la figura en nuestro país, la solución más frecuente cuando el trustee de un trust constituido en el extranjero quiere realizar inversiones inmobiliarias en España es crear una sociedad de responsabilidad limitada, a la que se transmiten los bienes del trust. De esta forma, la gestión de los bienes se encuentra controlada por el trustee, que actúa en calidad de representante legal de la sociedad y los bienes se inscriben*

---

125 Urquizu Cavallé, A. (2010). "Tributación de las rentas derivadas de fideicomisos latinoamericanos cuando los beneficiarios sean residentes en España", Crónica Tributaria Nro. 136/2010, 183-235.

a nombre de la sociedad, obteniendo el efecto de la separación de patrimonios y la consiguiente limitación de responsabilidad (pueden verse a título de ejemplo los supuestos resueltos por las sentencias del Tribunal Supremo, Sala de lo Contencioso-Administrativo, Sección 2, de 5 de julio de 2006 [RJ 2006/7205] y 11 de abril de 2007 [RJ 2007/4101]."[126]

Sin embargo, si no fuera posible o simplemente no se hubiera interpuesto una sociedad entre el inmueble español y el fideicomiso del exterior, y dado que el Derecho español rige los derechos reales sobre los inmuebles en España, se estaría ante un problema. La Ley 29/2015, de 30 de julio, de Cooperación Jurídica Internacional en Materia Civil[127], en la parte pertinente de su art. 57 establece que: "*Los notarios y funcionarios públicos españoles, cuando sea necesario para la correcta ejecución de documentos públicos expedidos o autorizados por autoridades extranjeras, podrán adecuar al ordenamiento español las instituciones jurídicas desconocidas en España, sustituyéndolas por otra u otras que tengan en nuestra legislación efectos equivalentes y persigan finalidades e intereses similares.*"

Tal como hemos explicado ocurre en cualquier país con *numersus clausus* de derechos reales, no puede reconocer un derecho real que no existe en su ordenamiento. Claramente la solución es la regulación interna del fideicomiso. En esta línea, Sergio Cámara Lapuente expresa que: "*Unos 80 años de jurisprudencia sobre los negocios fiduciarios –como fiducia atípica– demuestran al menos dos cosas: la enorme vitalidad de este instrumento en la práctica jurídica (así como de los trusts foráneos que despliegan sus efectos en suelo español) y la gran litigiosidad que genera por falta de una regulación de sus aspectos, que se ven sometidos a gran incertidumbre por las dispares soluciones jurisprudenciales en algunos aspectos vitales, o por*

---

126 Martín Santisteban, S. (2009). "Derecho de trusts en la Union Europea", en: Crónica de Derecho Privado Europeo, Anuario de Derecho Civil (ADC), tomo LXII, 2009, fasc. I, 387.

127 (TOL5.218.311).

los problemas a la hora de inscribir fiducias o trusts en el Registro de la Propiedad o al afrontarse la tributación de sus distintos elementos, etc."[128]

Por su parte, Gómez Galligo justamente plantea "*pensemos por ejemplo en la formalización de un trust. En Derecho anglosajón (EEUU o Reino Unido) existe una gran tradición jurídica basada en la gestión fiduciaria vía trust, en el que la gestión o administración corresponde a personas que son distintas de los beneficiarios (trustees) de los rendimientos producidos en la gestión del trust* (...) *El administrador en derecho anglosajón aparecerá como titular, pero debe expresar sus limitaciones dispositivas. (...) Dado que en España no está regulado como tal el trust, el documento público extranjero en el que se formalice (con los requisitos ya estudiados de acreditación de autoridad extranjera y equivalencia de formas) deberá ser objeto de adecuación al Derecho español por un notario español. En efecto el trust anglosajón no está regulado en España, aunque tampoco es contrario al orden público. Pensemos que los negocios fiduciarios son válidos, si bien con los limitados efectos derivados de la causa fiduciae. El Tribunal Supremo español admite los negocios fiduciarios (...) Desde luego frente a terceros aparecerá el titular formal o fiduciario como verdadero propietario, pero entre partes debe respetarse la causa fiduciaria en favor del titular real o fiduciante. El propio artículo 2 apartado 3 de la Ley Hipotecaria deja entrever la admisión de las transmisiones fiduciarias, al admitir la inscripción los actos y contratos en cuya virtud se adjudiquen a algunos bienes inmuebles o derechos reales, aunque sea con la obligación de transmitirlos a otros o invertir su importe en un objeto determinado. Por tanto, dada la posibilidad de que un trust opere en España, pero dada su falta de regulación, será necesario su adecuación al Derecho español cuando el documento público extrajudicial extranjero, válido y eficaz si cumple el requisito de equivalencia de formas, pretenda hacerse efectivo en España (por*

---

128 Cámara Lapuente, S. (2005), "Trust a la francesa: Las doce preguntas de siempre y un reto desesperado a partir de la proposición de ley de 8 de febrero de 2005 que instituye la "fiducie"", InDret Nro. 283.

ejemplo, presentándolo a inscripción en un Registro público o simplemente pretendiendo su ejecutividad ante una entidad financiera española)."[129]

Otro ejemplo obvio es el caso de fideicomisos que poseen otros activos en España, desde cuentas bancarias hasta propiedad intelectual, pasando por cualquier bien en España. Este caso se ve claramente en la legislación española de prevención del blanqueo de capitales. Conforme la ley 10/2010 del 28 de abril de 2010, de prevención del lavado de activos y financiamiento del terrorismo[130] (y el Real Decreto 609/2023 del 11 de Julio de 2023)[131] se debe cumplir con el registro del beneficiario final último ("UBO" por su sigla en inglés correspondiente a *Ultimate Beneficial Owner*) en el correspondiente registro. Esta obligación, como no podría ser de otra forma, incluye el registro de *trusts* del exterior que son controlados por sujetos españoles, su principal actividad es en territorio español, o que no estando registrados en otros países de la Unión Europea, realicen transacciones o sean propietarios de inmuebles en España. Siendo entonces este otro claro ejemplo de interacción entre los *trusts* del exterior y el Derecho español.

Finalmente, si bien la materia fiscal excede el objeto de esta obra, cabe comentar que los convenios para evitar la doble imposición de España con Australia, Barbados, Canadá, Emiratos Árabes Unidos, Estados Unidos, Nueva Zelanda, Singapur y Turquía mencionan los fideicomisos/ *trusts*. Tomando como ejemplo el de Estados Unidos[132], y al solo efecto ilustrativo, el mismo dice que: "*Se entenderá que la expresión "cualquier otra agrupación de personas" comprende las herencias yacentes, las fiducias (trusts) o las sociedades*

---

129 Gómez Gálligo. J. (2017) "Artículo 57 de la Ley de cooperación jurídica internacional en materia civil" en: Fernando Pedro Méndez González y Guillermo Palao Moreno, *Comentarios a la Ley de Cooperación Jurídica Internacional en materia civil.* Tirant Lo Blanch (TOL5.218.311).

130 (TOL1.817.133).

131 (TOL9.637.304).

132 (TOL63.149).

de personas (partnerships)." Además, dice que: "*Las organizaciones exentas de impuestos (...) incluyen, entre otras, los fondos de pensiones, entidades fiduciarias (trusts) de pensiones, fundaciones privadas, sindicatos, asociaciones de comercio y otras similares. En cualquier caso, un fondo de pensiones, una entidad fiduciaria de pensiones, o entidad similar constituida con arreglo a la legislación de un Estado contratante para proveer ayudas de jubilación, invalidez, u otra clase de beneficios laborales, tendrá derecho a los beneficios del Convenio si la organización patrocinadora de dicho fondo, entidad fiduciaria, o entidad, tiene derecho a los beneficios (...)*" Y que: "*El subapartado a) del apartado 2 no se aplicará cuando se trate de dividendos pagados por una Sociedad Regulada de Inversión (Regulated Investment Company) o una Fiducia de Inversión en Bienes Inmuebles (Real Estate Investment Trust) de los Estados Unidos. En el caso de los dividendos de una Sociedad Regulada de Inversión será aplicable el subapartado b) del apartado 2. Cuando se trate de dividendos de una fiducia de inversión en bienes inmuebles el subapartado b) del apartado 2 se aplicará si el beneficiario efectivo de los dividendos es una persona física que detente una participación inferior al 25 por 100 en la Fiducia de Inversión en Bienes Inmuebles; en otro caso, será aplicable el tipo impositivo previsto en la legislación interna.*" Y finalmente, que: "*Una sociedad de personas, herencia yaciente, o fiducia es residente de un Estado contratante solamente en la medida en que las rentas que obtenga estén sometidas a imposición en ese Estado como las rentas de un residente*".

1. NORMATIVA EUROPEA

De la interacción legal de España con el resto del mundo, es indiscutible que por razones obvias la más cercana es con la Unión Europea de la que es parte integrante. De la normativa europea surgen obligaciones, que representan problemas para quienes no reconocen al fideicomiso o *trusts.* Asimismo, existirán fideicomisos internacionales en los cuales habrá que determinar el derecho aplicable.

Zoraida Cruz Torres analizar el caso de fideicomiso con puntos relevantes de contacto con varios Derechos, y explica que: "*el Derecho regulador del trust transfronterizo tanto inter vivos como mortis causa en los asuntos relativos a la operación del trust, debe ser en primer lugar el escogido por el constituyente. La autonomía de la voluntad en cuanto a la selección del Derecho regulador del trust ha sido acogida por el Reglamento Roma I, el Convenio de La Haya y la mayoría de los Estados que conocen la figura del trust. Un trust inter vivos creado bilateralmente es análogo a un contrato donde ha mediado el consentimiento del constituyente y el trustee, incluyendo la cláusula de selección del Derecho regulador. El trust mortis causa en el momento en que comienza a operar también debe regirse por un Derecho que no tiene que ver con los asuntos sucesorios o de traspasos de la propiedad. Ese Derecho debe ser el que haya escogido unilateralmente el testador/constituyente, independientemente de que tenga o no vínculos con el Estado que rige la sucesión en el caso de un trust creado por testamento. La única limitación que tendrá en cualquier caso serán las normas imperativas del Derecho escogido o las que resulten del derecho conflictual del foro que apliquen a materias que no pueden variarse por acuerdo o versen sobre derechos de traspasos de propiedad o del Derecho que regula la sucesión, que son normas independientes de los asuntos de trust propiamente.*" [133]

Sin ánimo de ser exhaustivos, cabe mencionar los siguientes casos. Cabe comenzar por mencionar el Reglamento (UE) nº 1215/2012 del Parlamento Europeo y del Consejo, de 12 de

---

[133] Cruz Torres, Z. (2018) *El trust anglosajón y el derecho internacional privado: Evolución y futuro*, Tesis Doctoral publicada por la Universidad de Zaragoza, 217–261. Repositorio de la Universidad de Zaragoza – Zaguan https://zaguan.unizar.es/record/94441 En su tesis la autora realiza un análisis de los problemas que genera el desconocimiento de España de los fideicomisos y *trusts* del exterior en materia de competencia judicial, reconocimiento y ejecución de resoluciones judiciales civiles y mercantiles, ejecución de los documentos públicos en materia de sucesiones mortis causa, obligaciones contractuales, y obligaciones extracontractuales.

diciembre de 2012, relativo a la competencia judicial, el reconocimiento y la ejecución de resoluciones judiciales en materia civil y mercantil[134] que en su artículo 7 dispone que: "*Una persona domiciliada en un Estado miembro podrá ser demandada en otro Estado miembro: (...) si se trata de litigios entablados contra el fundador, trustee o beneficiario de un trust constituido ya en aplicación de la ley ya por escrito o por un acuerdo verbal confirmado por escrito, ante los órganos jurisdiccionales del Estado miembro en cuyo territorio esté domiciliado el trust*". Por su parte, el artículo 25 dispone en su parte pertinente que "*El órgano jurisdiccional o los órganos jurisdiccionales de un Estado miembro a los que el documento constitutivo de un trust haya atribuido competencia serán exclusivamente competentes para conocer de una acción contra el fundador, el trustee o el beneficiario de un trust si se trata de relaciones entre estas personas o de sus derechos u obligaciones en el marco del trust.*" restantes disposiciones del Reglamento. Finalmente, el artículo 63 dispone que: "*A efectos del presente Reglamento, se entenderá que una sociedad u otra persona jurídica está domiciliada en el lugar en que se encuentra: a) su sede estatutaria; b) su administración central, o c) su centro de actividad principal. (...) Para determinar si un trust está domiciliado en el Estado miembro cuyos órganos jurisdiccionales conocen del asunto, el órgano jurisdiccional aplicará sus normas de Derecho internacional privado.*" Lo dicho conlleva la obligación de reconocer la capacidad procesal de las partes de un *trust* (o lo que es lo mismo, un *trustee* en su calidad de tal). Más importante, se requiere de la aplicación de un criterio para determinar su domicilio. Ambas obligaciones muy difícilmente cumplibles si el Derecho español no reconoce, y de alguna forma asimila, al fideicomiso.

Recordemos que la Unión Europea adhirió al Convenio sobre el Reconocimiento y la Ejecución de Resoluciones Judiciales Extranjeras en Materia Civil o Mercantil,[135] por medio de una

---

134 (TOL2.701.212)

135 (TOL9238331)

decisión[136] que conllevó que el mismo sea vinculante para España como miembro de la Unión Europea. El artículo 5 del citado convenio, referido a los presupuestos para el reconocimiento y ejecución de resoluciones, establece en su parte pertinente que: "*Toda resolución es susceptible de ser reconocida y ejecutada si se cumple alguno de los siguientes requisitos: (...) la resolución versa sobre la validez, interpretación, efectos, administración o modificación de un trust constituido voluntariamente y formalizado por escrito, y: i) en el momento en que se inició el procedimiento, el Estado de origen estaba designado en el instrumento constitutivo del trust como el Estado ante cuyos tribunales deben resolverse los litigios sobre tales cuestiones, o ii) en el momento en que se inició el procedimiento, el Estado de origen estaba designado, expresa o tácitamente, en el instrumento constitutivo del trust como el Estado en el que se encuentra su administración principal. El presente subapartado solo se aplicará a las resoluciones relativas a los aspectos internos de un trust entre personas que sean o hayan sido parte de la relación de trust.*" Asimismo, el artículo 7 sobre "*Denegación del reconocimiento y la ejecución*" dispone en su parte relevante que "*El reconocimiento o la ejecución podrán denegarse si: (...) el procedimiento ante el tribunal de origen fuera contrario a un acuerdo o a una cláusula del instrumento constitutivo de un trust según el cual el litigio en cuestión debía resolverse ante un tribunal de otro Estado distinto del Estado de origen.*" Se sigue de lo dicho, que España debe reconocer, y hacer ejecutar por sus Tribunales, las relaciones que emergen de los mismos.

---

136 La adhesión fue por medio de la Decisión (UE) 2022/1206 del Consejo de 12 de julio de 2022 relativa a la adhesión de la Unión Europea al Convenio sobre el Reconocimiento y la Ejecución de Resoluciones Judiciales Extranjeras en materia Civil o Mercantil (TOL9.238.634). Esta decisión es clara en su considerando 10 al expresar que: "*Al adherirse al Convenio, la Unión debe declarar, de conformidad con su artículo 27, que ejerce su competencia en todas las materias reguladas por este. En consecuencia, los Estados miembros habrían de quedar vinculados por el Convenio en virtud de la adhesión de la Unión.*"

Otro ejemplo lo encontramos en el "Reglamento (UE) N° 650/2012 del Parlamento Europeo y del Consejo, de 4 de julio de 2012, relativo a la competencia, la ley aplicable, el reconocimiento y la ejecución de las resoluciones, a la aceptación y la ejecución de los documentos públicos en materia de sucesiones mortis causa y a la creación de un certificado sucesorio europeo."[137] En su considerando 13 este Reglamento expresa que: "*Se deben excluir también del ámbito de aplicación del presente Reglamento las cuestiones relativas a la creación, administración y disolución de trusts. Esta exclusión no debe considerarse como una exclusión general de los trusts. En caso de que se cree un trust en virtud de un testamento o por ley en relación con una sucesión intestada, la ley aplicable a la sucesión determinada con arreglo al presente Reglamento regulará la cesión de los bienes y la determinación de los beneficiarios.*" En esta lógica, en el artículo 1 del citado reglamento referido al Ámbito de aplicación dispone que: "Quedarán excluidos del ámbito de aplicación del presente *Reglamento: (...) la creación, administración y disolución de trusts;*" Sin embargo, en el caso de una persona que falleciera con última residencia permanente en España (o eligiera que su sucesión se rija por la ley de su nacionalidad española) que hubiera creado un *trust*, España deberá considerar el mismo. De hecho, en el artículo 31 del convenio analizado, intitulado "Adaptación de los derechos reales", se establece que "*Cuando una persona invoque un derecho real que le corresponda en virtud de la ley aplicable a la sucesión y el Derecho del Estado miembro en el que lo invoque no conozca ese derecho real en cuestión, este deberá, en caso necesario y en la medida de lo posible, ser adaptado al derecho real equivalente más cercano del Derecho de ese Estado, teniendo en cuenta los objetivos y los intereses que aquel derecho real persiga y los efectos inherentes al mismo.*"

Insistimos que estos ejemplos de ninguna manera pretenden cubrir el total de normativa que conlleva tener que reconocer o tratar con fideicomisos del exterior, pero sí bastan para mostrar que de contarse con una ley interna de fideicomiso esta tarea de adaptación no sería necesaria, o al menos sustancialmente más

---

137 (TOL2.591.692)

clara y sencilla, y permitiría un correcto cumplimiento con las obligaciones internacionales en relación con los *trusts.*

2. *SOFT LAW* EUROPEO

El *Soft law* está constituido por los principios, recomendaciones, comentarios, modelos de normas y de contratos, y otras construcciones doctrinarias (tales como la sistematización del Derecho o *restatements*) que no tienen fuerza vinculante pero que sí tiene relevancia ineludible. En particular, ya nos hemos referido a la importancia de los *Restaments* en los Estados Unidos en lo que hace a la determinación del derecho aplicable a los *trusts.*

En Europa existe un amplísimo desarrollo del *soft law* que ha buscado la armonización como así la propuesta de normativa aplicable a toda la comunidad europea. Del gran y valioso esfuerzo realizado por juristas, cabe comenzar por destacar los Principios del Derecho Contractual Europeo (PECL). Pietro Sirena explica que los PECL "*constituyen una gran obra de "derecho científico", que ha se ha desarrollado entre 1980 y 2002. Es "derecho científico" porque los PECL fueron desarrollados por una comisión de juristas académicos, que operaba en virtud de una legitimación exclusivamente cultural y fuera de un mandato real del legislador.*"[138] En igual línea, Nils Jansen ha dicho que: "*Por supuesto, estos Principios no pueden pretender ser "derecho válido" en el mismo sentido que una codificación de un Estado o una directiva de la Unión Europea. Sin embargo, los PECL han logrado un grado notablemente alto de nivel académico e incluso autoridad legal; pueden verse como la base de un auténtico derecho contractual europeo. Estos han sido considerados autorizados por los legisladores europeos;*

---

138 Sirena, P. (2019) "*La Scelta dei Principles of European Contract Law (PECL) Come Legge Applicabile al Contrato*", Rivista Di Diritto Civile, Año LXV– N. 3/2019, pág. 608.

han sido utilizados por tribunales europeos; y son entendidos, incluso por los abogados nacionales tradicionales, como una "fuente de derecho".[139]

Sin perjuicio de la importancia de los PECL, el trabajo de *soft law* que deseamos destacar es el Marco Común de Referencia (MCR o DCFR por su sigla en inglés correspondiente a *Draft Common Frame of Reference*).[140] El MCR, en su versión del 2009, dedica todo su Libro X a los *trusts,* lo que claramente nuestra que el *trust* es claramente un instituto previsto en el *soft law* europeo y sus esfuerzos de armonización.

Tal como explica Christian von Bar: "*El MCR comprende los resultados de largos años de trabajo dedicado de diferentes grandes equipos de juristas de toda Europa; en algunas partes también se basa en los Principios del Derecho Contractual Europeo (PECL), diseñados por Lando-Group. Todos estos equipos estaban unidos en su objetivo de capturar las diferentes áreas del derecho privado que analizaron en una imagen europea. Se esforzaron por hacer visible (una vez más) el derecho privado que se aplica en toda la Unión, pero también por elaborar propuestas para su renovación en términos de sistema y contenido.*"[141]

El MCR, si bien no es derecho vigente, sí es *soft law* del cual emanan principios que pueden ser considerados por los Jueces por sus decisiones y que se espera que los países consideren y adopten al legislar un instituto, en nuestro caso el fideicomiso.

---

139 Jansen, Nils; J. (2010) "The Authority of an Academic 'Draft Common Frame of Reference'" en: Micklitz, Hans-W.; Cafaggi, Fabrizio (eds), "European Private Law after the Common Frame of Reference", Edward Elgar Publishing, Capítulo 8.

140 Nos basamos en la versión en español intitulada "*Principios, Definiciones y Reglas de un Derecho Civil Europeo: el Marco Común de Referencia (DCFR)*" coordinada por Carmen Jerez Delgado, Agencia Estatal Boletín Oficial del Estado, Madrid, 2015.

141 Prólogo a versión en español de "*Principios, Definiciones y Reglas de un Derecho Civil Europeo: el Marco Común de Referencia (DCFR)*" coordinada por Carmen Jerez Delgado, Agencia Estatal Boletín Oficial del Estado, Madrid, 2015.

En relación con la influencia del *soft law* europeo en España, Vaquer Aloy explica que el mismo "*ha proporcionado pautas valiosas a la jurisprudencia española en la modernización de aspectos del derecho de obligaciones y del derecho de daños, y otras corrientes internacionales han impregnado, por ejemplo, determinados aspectos del derecho de familia (…) el uso no es ocasional, hasta el punto de que la* [Audiencia Provincial de] *Madrid 31.5.2012 indica que "[e]s habitual también la invocación en la jurisprudencia de los Principios del Derecho europeo de contratos (PECL), y su utilización como texto interpretativo de las normas vigentes en esta materia en nuestro Código Civil".*"[142] En esta línea, Redondo Trigo explica que el MCR es receptado en la jurisprudencia como: "*un elemento comparativo entre distintos sistemas*" o en "*otros casos, se les otorga un gran valor interpretativo para la solución de supuestos no regulados legalmente o bien sobre los que la «Doctrina discute y la Jurisprudencia vacila»*" y otro grupo son los casos "*en que los instrumentos armonizadores son citados a mayor abundamiento.*"[143]

El MCR define al *trust* diciendo que: "*El «trust» es una relación jurídica en la cual una persona, el trustee, está obligada a administrar o enajenar uno o más activos (el fondo de trust) de acuerdo con los términos que rigen dicha relación jurídica (los términos del trust) en beneficio de otra persona, el beneficiario, o en interés público.*" Luego pasa a regular los efectos jurídicos del *trust* diciendo que: "*(…) el fondo de trust debe considerase como un patrimonio distinto del patrimonio personal del trustee y de cualquier otro patrimonio adquirido o gestionado por éste. (…) En particular (y salvo si concurriera alguna otra causa distinta del mero hecho de que el fondo de trust se confiera al trustee): (a) los acreedores personales del trustee no podrán satisfacer sus derechos con cargo al fondo de trust, ni mediante ejecución ni mediante procedimiento de insolvencia;*

---

[142] Vaquer Aloy, A. (2013); "*El "Soft Law" europeo en la jurisprudencia española: doce casos*", AIS: Ars Iuris Salmanticensis, 1(1), 97–119.

[143] Redondo Trigo, F. (2010) *De los Principios Lando al marco común de referencia del Derecho Privado Europeo. Hacia un nuevo ius commune,* ADC, tomo LXIII, fasc. IV, pág. 1673 y sgts.

(b) el fondo no estará sujeto a las normas que asignen derechos de propiedad por razón de matrimonio o en virtud de vínculos familiares; y (c) si el trustee falleciera, sus sucesores no tendrán derechos sobre el fondo de trust." Finalmente, desarrolla una muy completa regulación del *trust.*

En síntesis, existen valiosísimos elementos de *soft law*, que da un ineludible marco al análisis y posible regulación del fideicomiso.

4. SENTENCIA PANAYI DEL TJUE

En la sentencia "Panayi"[144] el Tribunal de Justicia de la Unión Europea sostuvo que: "*Aun cuando un fideicomiso está reconocido por la Ley y produce efectos jurídicos, carece de personalidad jurídica propia y debe actuar a través de su administrador fiduciario. Así, los bienes que constituyen el fideicomiso no pasan al patrimonio del administrador fiduciario. Este último debe gestionar esos bienes como patrimonio separado, diferenciado de su propio patrimonio. La obligación esencial del administrador fiduciario es cumplir las condiciones y las cargas estipuladas en el acto constitutivo del fideicomiso y el Derecho de manera general.*" De esta forma, el Tribunal establece la lógica fundamental de un fideicomiso, es un patrimonio separado diferencia del patrimonio *propio* u *ordinario* del fiduciario.

En este caso se analiza si los fideicomisos están incluidos en el ámbito de la libertad de establecimiento. La sentencia, luego de dejar sentado que la libertad de establecimiento es una disposición fundamental del Derecho de la Unión Europea, y explicar que la misma tiene un alcance amplio y que sus excepciones deben interpretarse de manera estricta, sostiene que: "*En el presente*

---

144 Sentencia del Tribunal de Justicia de la Unión Europea (Sala Primera) del 14 de septiembre de 2017, en el procedimiento entre *Trustees of the P Panayi Accumulation & Maintenance Settlements* y *Commissioners for Her Majesty's Revenue and Customs,* (Asunto C-646/15, ECLI:EU:C:2017:682) (TOL6.337.882).

caso, consta, por un lado, que los fideicomisos de que se trata en el litigio principal se constituyeron según el Derecho del Reino Unido y, por otro lado, que, a la luz de este Derecho, no se consideran como sociedades de Derecho civil o mercantil, incluidas las sociedades cooperativas. Por lo tanto, procede determinar si estos fideicomisos pueden estar incluidos en el concepto de «demás personas jurídicas» de Derecho público o privado que persigan un fin lucrativo, en el sentido del artículo 54 TFUE, párrafo segundo. A este respecto, como indicó la Abogado General (...) este concepto de "demás personas jurídicas" comprende una entidad que, en virtud del Derecho nacional, dispone de derechos y obligaciones que le permiten actuar como tal en el tráfico jurídico de que se trate, pese a que carezca de una forma jurídica específica, y que persigue un fin lucrativo. En el caso de autos, del expediente remitido al Tribunal de Justicia resulta, en primer lugar, que, en virtud del Derecho nacional de referencia, los bienes que se incluyen en el fideicomiso forman un patrimonio separado, independiente del patrimonio personal de los administradores fiduciarios, y, que estos últimos tienen el derecho y la obligación de gestionar los bienes y de disponer de ellos de conformidad con las condiciones estipuladas en el acto constitutivo del fideicomiso y con el Derecho nacional. En segundo lugar (...) por una parte, según el artículo 69 de la TCGA, los administradores fiduciarios son considerados por el Derecho nacional un órgano único y permanente de personas, diferenciado de las personas que tengan la condición de administradoras en cada momento. (...) [El] *fideicomiso debe considerarse una entidad que, en virtud del Derecho nacional, dispone de derechos y de obligaciones que le permiten actuar como tal en el tráfico jurídico de referencia. En lo que atañe a la cuestión de si los fideicomisos de que se trata en el litigio principal persiguen un fin lucrativo, basta observar que del expediente remitido al Tribunal de Justicia se desprende que esos fideicomisos carecen de fin caritativo o social y que se constituyeron con objeto de que los beneficiarios disfruten de las ganancias generadas por los bienes de los referidos fideicomisos. De ello se deduce que una entidad como un fideicomiso que, en virtud del Derecho nacional, dispone de derechos y obligaciones que le permiten actuar como tal y que lleva a cabo una actividad económica efectiva puede invocar la libertad de establecimiento."*

En síntesis, el Tribunal de Justicia de la Unión Europea reconoce a los fideicomisos que no sean con fines de caritativos, como entidades que tienen derechos y obligaciones, y que desarrollan una actividad económica.

5. JURISPRUDENCIA SOBRE *TRUST* DEL EXTERIOR

La jurisprudencia más frecuentemente citada en materia de *trusts* del Tribunal Supremo es la sentencia del 30 de abril de 2008,[145] en la que dicho Tribunal estableció que el fideicomiso es una institución testamentaria no incluida en el derecho español, desconocida en el derecho español, y no es compatible con la normativa sucesoria española, refiriéndose a las normas de herencia forzosa aplicables en la mayor parte de España.

Sonia Martín Santisteban, en relación con el caso citado, explica que ante la ausencia en el derecho interno privado español "*de norma de conflicto especifica en materia de trust, el TS recurre a la teoría de la calificación por la función para determinar la norma de conflicto aplicable. Es decir, que busca cual es la función desempeñada por el trust, conforme al ordenamiento en virtud del cual se ha instituido (el norteamericano), para en un segundo momento, buscar una institución del Derecho español que desarrolle una función similar. No obstante, a la hora de aplicar el derecho español (por no haber sido suficientemente probado el derecho de Arizona), el tribunal prefiere negar validez alguna al trust antes que trasponer el instituto a alguna de las figuras conocidas por el derecho español. Solución que resulta, a nuestro entender, a todas luces desproporcionada. Por una parte, la no transposición del trust se puede justificar por la desnaturalización que se produciría de trasponer el trust a nuestro derecho, con carácter general, en busca de una institución que desarrolle una función equivalente*

---

145 Tribunal Supremo, decisión No. 338/2008 del 30 de abril de 2008 (recurso de casación).

(una donación, un mandato, un negocio fiduciario, una sustitución fideicomisaria o cualquier otra de las figuras de civil law que cumple alguna, pero no todas las funciones del trust), pero no por ser la institución angloamericana una figura incompatible con nuestras normas de derecho sucesorio. Tal y como han demostrado otros países del derecho europeo continental que conocen el trust (Italia), con las necesarias reducciones dirigidas a salvaguardar los derechos forzosos de los legitimarios, la figura es perfectamente compatible con las normas sucesorias de un país que no conoce la libertad de testar."[146] Compartimos el análisis y conclusiones de Martín Santisteban.

Cabe destacar que en sentencias posteriores la jurisprudencia española en general, y del Tribunal Supremo en particular, se han mostrado mucho más receptivos del *trust* extranjero. La primera sentencia a considerar es la Audiencia Provincial de Jaén de 2010,[147] en la cual se explica que la sentencia de primera instancia se basó *"en la doctrina contenida en la STS de 30-4-08, única de nuestro alto Tribunal que trata la figura del Trust anglosajón, de la que extrae la definición de dicha figura, su reconocimiento en los distintos países a través de la adhesión Convenio de la Haya de 1-7-85 y la falta de suscripción del mismo por parte del Estado español, los elementos que han de concurrir en dicha institución para ser considerada como tal, razonando que ante la invalidez con que sanciona -según expone- la citada sentencia tal figura del Trust ante la ausencia de norma española de derecho material que la regule"*. Sin embargo, la citada Audiencia dice que el Juez de primera instancia entendió incorrectamente el caso de la Corte Suprema de 2008 porque el estado derecho extraído por el Juez de primera instancia del caso de la Corte Suprema de 2008 era incorrecto. La Audiencia de Jaén afirma

---

146 Para un detallado relato de los hechos y un análisis de esta sentencia se puede ver: Martín Santisteban, S. (2009) *Derecho de trusts en la Unión Europea*, en: Crónica de Derecho Privado Europeo, Anuario de Derecho Civil (ADC), tomo LXII, fasc. I, 387.

147 (TOL5.282.075).

que no es correcto entender que el Tribunal Supremo de 2008 estableciera que los fideicomisos extranjeros no debían ser reconocidos por la legislación española, matizando de esta forma las conclusiones que parecería emerger de la sentencia del Tribunal Supremo. En esta línea, la sentencia dice que "*no se puede decir como se concluye en la instancia y pretende el recurrente al alegar que el trust carece de validez en España, que la referida sentencia concluye sin más esa invalidez con carácter general del Trust anglosajón, pues lo se extrae de la misma es la falta de validez en el supuesto concreto enjuiciado por falta de acreditación del derecho aplicable al contenido del mismo al tratarse de un negocio sucesorio, que no es el caso de autos, no reconocido en nuestras normas de derecho sucesorio, ni compatible con el mismo, frente al testamento otorgado en esa misma fecha por el mismo causante, que sí reunía tal condición.*"

Cabe mencionar una decisión de la Audiencia Provincial de Granada del 2015[148] que no sólo reconoció los fideicomisos extranjeros, sino que también afirmó que el Juez competente es el del domicilio del fiduciario (en este caso Jersey), incluso para la enajenación de bienes inmuebles españoles propiedad de una sociedad española propiedad de un holding controlado por el fideicomiso. En síntesis, una sentencia que claramente reconoce la validez y eficacia del fideicomiso del exterior.

Las sentencias más relevantes son las de la Audiencia Provincial de Madrid de 2015[149]y del Tribunal Supremo de España de 2018.[150] El caso es de un fideicomiso *inter vivos* bajo la ley del Reino Unido siete años antes de su muerte transfiriendo accio-

---

148 Audiencia Provincial de Granada (Sección 3ª), Sentencia Número 158/2015, de 30 de junio de 2015 (TOL5.439.260).

149 Audiencia Provincial de Madrid (Sección 25), Número 226/2015, de 8 de junio de 2015 (TOL5.193.234)

150 Tribunal Supremo, Sala de Derecho Civil, Sección 1ª, 28 de febrero de 2018 (TOL6.531.164). Esta sentencia, al igual que la sentencia de 2008, es un recurso de casación.

nes de una empresa. El fideicomiso fue objeto de juicio ante el Tribunal Superior del Reino Unido. El demandante (y apelante) dijo que el fideicomiso era inválido porque iba en contra de la ley de herencia española. El Juez de Primera Instancia (sentencia del 20 de diciembre de 2013, del Juzgado de Primera Instancia de Madrid Nº 92) declaró válido el fideicomiso y esta decisión fue apelada por el demandante. La Audiencia dijo que el punto a determinar es si los fideicomisos extranjeros son inválidos con base en el Caso de la Corte Suprema de 2008, y en este caso en particular, si el fideicomiso fue un medio para violar la herencia forzosa en relación con las acciones del fideicomitente por una suma muy importante. La Audiencia ratificó la sentencia de primera instancia y dijo que el mero temor a la posibilidad de vulneración de los derechos de los herederos no podía equipararse a la vulneración real. Como el fideicomiso todavía estaba vigente como patrimonio separado, no se pudo llegar a una conclusión final y el fideicomiso no pudo declararse inválido. En definitiva, el fideicomiso extranjero fue considerado válido por el Juez de primera instancia y por la Audiencia, incluso si el fideicomitente llevaba años muerto y se trataba de una reclamación legal de algunos de los herederos en España. Cabe destacar que ambas sentencias citaron y consideraron el caso del Tribunal Supremo de 2008 y no concluyeron que éste sentara un precedente contrario a la validez de los fideicomisos extranjeros en España.

Los recurrentes en el caso de la Audiencia Provincial que comentamos recurrieron ante el Tribunal Supremo, que resolvió el caso en 2018. Este recurso brindó al Máximo Tribunal de España la oportunidad de aclarar su posición en relación con los *trusts* extranjeros. Más importante aún, un caso en el que un heredero forzoso español afirma que se ha violado las normas de herencia forzosa. El Tribunal Supremo rechaza el recurso y ratifica tanto la sentencia de primera instancia como la de la Audiencia que declaró que el fideicomiso extranjero era válido y debía ser reconocido.

El Tribunal Supremo explicó que el recurso busca la declaración de nulidad del fideicomiso extranjero por defraudar los derechos sucesorios del recurrente. Con base en este presunto fraude, los recurrentes afirman que se produjo una infracción de una pluralidad de preceptos del Código Civil español en relación con el derecho sucesorio, que se vería afectado por la no declaración de nulidad del fideicomiso. La Corte Suprema señala que los recurrentes suponen que sus derechos sucesorios respecto de la herencia de su padre han sido perjudicados por el citado fideicomiso constituido en vida del padre del recurrente, eludiendo así la argumentación de la sentencia recurrida en cuanto, confirmando la sentencia de primera instancia, no considera acreditado este fraude o perjuicio, y razona lo siguiente: la constitución de un fideicomiso durante la vida del fiduciante es un acto válido de disposición de bienes e independiente de cualquier vicisitud posterior y mucho antes de la muerte del fiduciante siete años después.

En resumen, los recurrentes afirman que el fideicomiso fue un instrumento de fraude contra los derechos sucesorios de los hijos y herederos del fideicomitente. El Tribunal Supremo explica que la Audiencia Provincial respondió a este punto afirmando: "*El caso es que estas consecuencias se están planteando como una presunción de fraude anticipado. Tanto es así que la validez del fideicomiso se cuestiona según hipótesis futuras con interrogantes sobre la situación de los dividendos de las acciones producidos a lo largo de décadas, la posible falta de distribución equitativa del patrimonio entre los hijos de* [el fiduciante] *por parte del fiduciario o el derecho de representación (...) Incluso se alega el riesgo de un intento de desheredar a los recurrentes (...) al disolverse el fideicomiso, se alega una situación posible* (...). *El problema es, como ya hemos indicado, que se anticipan situaciones de riesgo como equivalentes a fraude cuando la realidad es que dichas situaciones aún no se han producido. El temor a un posible incumplimiento no puede equipararse al fraude de algunos derechos, por eso la sentencia resalta que el fideicomiso sigue vigente como patrimonio separado (...)*"

Y, más importante aún, el Tribunal Supremo señala que: "*el recurrente en el presente caso incurre en este defecto cuando pretende ignorar que la sentencia recurrida considera que no está probado que el fideicomiso, acto dispositivo* inter vivos *otorgado por el posterior falle-*

cido, lesiona los derechos legítimos de los hijos del fallecido, y por tanto, no debe ser nulo de pleno derecho. Y sin embargo, el recurrente insiste, tanto en el recurso de casación como en las alegaciones formuladas tras el procedimiento de presentación de las posibles causas de inadmisibilidad, que con la constitución del fideicomiso se defraudaron sus legítimos derechos, haciendo claramente suposiciones, al suponer un fraude. lo cual no ha sido probado según la sentencia apelada."

En síntesis, el fideicomiso extranjero fue reconocido por el Tribunal Supremo, incluso después de la muerte del fideicomitente y aun cuando ciertos herederos alegaron que había una violación del orden público sucesorio. Sin perjuicio de lo dicho, la regulación del fideicomiso en España facilitaría la interacción con los fideicomisos del exterior evitando casos de discusión.

Capítulo XVI: Conclusiones sobre la Utilidad y viabilidad de la incorporación del Fideicomiso en España

En estas breves conclusiones, comenzamos por destacar que existe amplia doctrina que aboga por la incorporación del fideicomiso en España entendiendo que su utilidad sería evidente para facilitar los negocios, garantías y administración patrimonial. Cabe mencionar a Sergio Cámara Lapuente quien expresa que: "*es necesario preguntarse por fórmulas atípicas bien para adelantar la sucesión (planificación sucesoria o estate planning, asentada en otros ordenamientos jurídicos) o bien para obtener una gestión más eficiente del patrimonio en beneficio propio o en beneficio de otra persona. (...) Al mismo objetivo atiende el designio de constituir una masa patrimonial autónoma dirigida a un fin o destino que, bajo distintas denominaciones (fondos patrimoniales, patrimonios separados o afectados a un fin, patrimonios fiduciarios), se va abriendo paso en la realidad legislativa, negocial y doctrinal española. (...) Una de las principales ventajas con que cuenta es que en una sola figura, sencilla y flexible, se consiguen múltiples finalidades de todo tipo.*"[151]

Por su parte, con una visión de negocios, Marta García Mandaloniz explica que: "*Los retos derivados de la incesante integración en los mercados europeos y mundiales exigen medidas legislativas que*

---

151 Cámara Lapuente, S. (2011) "*Trusts y patrimonios fiduciarios: acerca de sus posibles aplicaciones en el derecho de la persona, familia y sucesiones y su eventual regulación*", Diario La Ley, N° 7675, Sección Tribuna, Año XXXII, Ref. D-305, LA LEY 13923/2011.

apuesten de manera decisiva por la competitividad de nuestro sistema económico. Se trata de evitar el riesgo de deslocalización de las operaciones económicas hacia países con condiciones más favorables desde el punto de vista jurídico. En el espacio internacional en el que nos hallamos inmersos a comienzos de este siglo XXI debe darse luz verde a instituciones jurídicas que, aun sin arraigo en nuestra tradición jurídica de base románico-germánica, resultan de comprobada utilidad en la vida económica. En este sentido, nuestro Derecho no puede seguir siendo insensible a la globalización de un instrumento, de origen anglosajón, tan flexible y versátil como el trust."[152] Cabe destacar que esta autora termina su trabajo con la siguiente cita de Pompeyo Claret y Martí quien dice que: "*Esperamos que algún día se introducirá en el derecho español el trust [...] y los obstáculos que a ello se opongan serán solucionados felizmente por el estudio de los juristas*".[153]

Finalmente, Zoraida Cruz Torres recomienda "*a los países civilistas que no lo hayan hecho, la adopción del trust en el Derecho interno con la normativa conflictual correspondiente y la normativa que sea afín a su política pública fiscal con las salvaguardas que han adoptado Francia, Italia y los países del entorno anglosajón que no son necesariamente del tipo offshore.* "Y en línea expresa que: "*Concretamente España ya está haciendo positivas incursiones legislativas como la ley que permite la creación de fondos autónomos para beneficio de discapacitados y en Cataluña con la fiducia que ha querido incorporar a su Derecho autonómico y el régimen del patrimonio autónomo ya vigente para beneficio de discapacitados.*"[154]

---

152 García Mandaloniz, M. (2005) "*El "aterrizaje forzoso" del trust en nuestro sistema de derecho civil*", Derecho de los Negocios, nº 183, nº 16, pp. 17-22.

153 Claret y Marti, P. (1946), *De la fiducia y del "Trust"*, Bosch.

154 Cruz Torres, Z., (2018) *El trust anglosajón y el derecho internacional privado: Evolución y futuro,* Tesis Doctoral publicada por la Universidad de Zaragoza, pág. 448. Repositorio de la Universidad de Zaragoza – Zaguan https://zaguan.unizar.es/record/94441

Nos sumamos a lo dicho por la doctrina española, pero desde una nueva perspectiva. En esta obra, un estudio de derecho comparado, hemos buscando un nuevo punto de vista, basado en la experiencia de otros países, en particular los de Latinoamérica. Todos países del *civil law* y con innegables lazos con España, que han adoptado el fideicomiso con base al modelo de *trust* estadounidense. Al igual que los países asiáticos, esto es, en las antípodas geográficas del globo. Mostrando la indiscutible factibilidad y la gran utilidad de la figura. Destacando, además que, en algunos casos han transcurrido más de 90 años de intenso uso. Tal como dijéramos, las dos obvias conclusiones a la que se llega luego de ver la adopción del fideicomiso por una amplia variedad de jurisdicciones de tradición de derecho civil -más todas las del *Common Law*-, son (i) la utilidad de la figura, y (ii) la indiscutible factibilidad de ser incorporada en una jurisdicción de Derecho Civil.

En lo que hace a la concepción de la figura, en la inmensa mayoría de las jurisdicciones, el fideicomiso es un patrimonio separado propiedad del fiduciario. En otras palabras, no cabe la menor duda que los países del Derecho Civil sí pueden incorporar el fideicomiso y su concepción es clara, un patrimonio especial propiedad del fiduciario. Ying Chieh Wu, luego de desarrollar el concepto de fideicomiso como patrimonio separado en Escocia, Quebec, Francia y Latinoamérica, expresa que: "*Es sorprendente que se haya prestado poca atención a estas jurisdicciones en Taiwán, Japón y Corea del Sur, que merecen un detallado examen, no sólo porque tienen elementos civiles en su sistema jurídico, sino también porque tienen más experiencia en resolver los problemas y cuestiones doctrinales relacionadas con el fideicomiso.*"[155] En otras palabras, es buena idea analizar la experiencia de jurisdicciones que tuvieron que enfrentar los mismos desafíos para incorporar el fideicomiso.

---

155 Wu, Y.C. (2015) "East Asian trusts at the crossroads". *National Taiwan University Law Review*. 10, (1), 79-125.

En el Derecho Español existe instituciones que tienen características del fideicomiso, esto es, son patrimonios independientes destinados a un fin, en materia de gestión de activos, sea para una actividad comercial o para la protección de personas son discapacidad. Estos casos van desde el patrimonio protegido de la Ley 41/2003 de Protección de la Persona con Discapacidad (TOL318.743), que es un patrimonio autónomo en todo menos en el nombre hasta los fondos de inversión, los fondos de pensiones, los fondos de capital-riesgo, los fondos de titulización hipotecaria o los de titulización de activos financieros.

Gema Martinez resume muy buen el punto que queremos hacer al decir: "*Es bien sabido que España no ha dado ningún paso para la regulación del trust ni tampoco para la fiducia con carácter general (...) No obstante, los estudios doctrinales en relación a la consideración de la fiducia y el trust en España reflejan una continua preocupación por el tema en los últimos años por varios motivos, entre los cuales está la aparición de aplicaciones específicas de patrimonios fiduciarios como expresión de fiducia legal. La regulación de estas masas patrimoniales se categoriza como "fiducia gestión" y se han ceñido casi en exclusividad al ámbito económico financiero, con la notable excepción del patrimonio dirigido a la protección de las personas con discapacidad.*"[156]

Otro aspecto que muestra la viabilidad del fideicomiso son los institutos de los derechos de las comunidades autónomas. Tal como ya hemos mencionado, estos Derechos tienen instituciones que o bien son muy similares o bien podrían calificarse de fideicomisos.

También cabe destacar la convergencia normativa internacional, y en particular la europea, del derecho privado. Con especial énfasis en la creciente influencia del *soft law*. Hemos tratado en

---

156 Tomás Martínez, G. (2014) "En busca de una alternativa al trust para articular planes de participación financiera: Employee Stock Ownership Plans (ESOPS)", *Cuadernos de Derecho Transnacional*, Vol. 6, N° 2, 255-289. (Se omitieron las citas).

detalle el Convenio de la Haya de 1985 y su impacto (en particular en Italia donde dio lugar al nacimiento de un fideicomiso italiano). En este punto nos importa mostrar el impacto en España de una tendencia en la Unión Europea en el sentido de que todos los países de la misma reconozcan los fideicomisos.

Finalmente, y muy en línea con el punto anterior, se presenta la relevancia de la creciente interacción de los *trusts* creados en el exterior en España, sea por ser dueños de activos españoles o por tener fiduciantes o beneficiarios españoles. Los mismos deben ser reconocidos o al menos tratados de alguna forma por las autoridades españolas. Recordemos que existen sentencias del Tribunal Supremo, y varios tribunales de apelación, que reconocen al *trust* como válido cuando fuera constituido por fiduciantes (*settlors*) españoles con fiduciarios (*trustees*) del exterior.

En síntesis, basados en la experiencia internacional, la amplia aceptación del fideicomiso como patrimonio separado, la existencia de instituciones análogas en el derecho civil y comercial nacional español, como en el derecho de las comunidades autónomas, y la necesidad de convergencia con el derecho y el *soft law* europeo, esperamos haber mostrado que es perfectamente posible y necesario la incorporación del instituto del fideicomiso en el Derecho Español.

Referencias Bibliográficas

- "*Principios, Definiciones y Reglas de un Derecho Civil Europeo: el Marco Común de Referencia (DCFR)*" coordinada por Carmen Jerez Delgado, Agencia Estatal Boletín Oficial del Estado, Madrid, 2015.
- Aldasoro I., Doerr S., Gambacorta L., Garratt R. y Koo Wilkens P. (2023), *The tokenisation continuum,* Boletín del Bank for International Settlements 2023 (BIS) Nro. 72, disponible en www.bis.org.
- Béraudo, J.P. y Tirard, J.M. (2006). *Les trusts anglo-saxons et les pays de droit civil: Aproche Juridique et Fiscal,* Academy & Finance.
- *Black´s Law Dictionary,* (1990) 6th Ed., West Group.
- *Bogert on Trusts,* (2007) Third Edition, Thomson West.
- Bogert, George T., (1987) *Trusts,* West Group, Sixth Edition.
- Botello Hermosa, P. (2016) "El incomprensible uso como sinónimos de dos figuras jurídicas diferentes: el fideicomiso y la sustitución fideicomisaria", Revista Crítica de Derecho Inmobiliario, Año No 92, No 756, 2264-2280.
- Botello Hermosa, P. I. y Malumian, N., (2021) "Sustitución Fideicomisaria Española y Fideicomiso Testamentario Argentino: Similitudes y Diferencias", Revista del Código Civil y Comercial (RCCyC), año 7, Número 1, 81.
- Botello Hermosa, P.I., (2017), *La Sustitución Fideicomisaria Especial Introducida por la ley 41/2003,* Tirant lo Blanch (TOL6.345.958).
- Botello Hermosa, P.I, (2020). *Origen Histórico de una de las Figuras Más Importantes del Derecho Sucesorio Español en la Actualidad: La Sustitución Fideicomisaria,* Revista Brasileira de Direito Civil – RBDCivil, v. 24, 151-179.
- Cámara Lapuente, S. (2002) "El hipotético «Código Civil Europeo»: ¿por qué, cómo y cuándo?" en: *Estudios jurídicos en homenaje al profesor Luis Díez-Picazo,* vol. 1, Civitas, 347-80.
- Cámara Lapuente, S. (2005), "Trust a la francesa: Las doce preguntas de siempre y un reto desesperado a partir de la proposición de ley de 8 de febrero de 2005 que instituye la "fiducie"", InDret Nro. 283.
- Cámara Lapuente, S. (2011) *"Trusts y patrimonios fiduciarios: acerca de sus posibles aplicaciones en el derecho de la persona, familia y sucesiones y su eventual regulación",* Diario La Ley, N° 7675, Sección Tribuna, Año XXXII, Ref. D-305, LA LEY 13923/2011.

- Claret y Marti, P. (1946), *De la fiducia y del "Trust"*, Bosch.
- Cross. R. y Harris, J.W. (2012) *El precedente en el Derecho Inglés*, Marcial Pons.
- Cruz Torres, Z. (2018) *El trust anglosajón y el derecho internacional privado: Evolución y futuro*, Tesis Doctoral publicada por la Universidad de Zaragoza (Directora: María del Pilar Diago Diago), 451–453. Repositorio de la Universidad de Zaragoza – Zaguan http://zaguan.unizar.es
- English, D. M., (2002). *The Uniform Trust Code (2000): Significant Provisions and Policy Issues*, Missouri Law Review, Vol. 67, pág 143 y sgts.
- Estrada Alonso, E., (2010) *El fideicomiso y los fondos sin personalidad jurídica: Proyección de la cesión en confianza para adscribir patrimonios a un encargo de gestión en el ordenamiento jurídico español*, Editorial Universitaria Ramón Areses.
- Foster, D. (2019). "Construction and Execution of Trusts in Chancery, c. 1660–1750". The Journal of Legal History, 40(3), 270–297.
- Galicia Aizpurua, G. (2012), *Cauda y Garantía Fiduciaria*, Tirant lo Blanch, Valencia, 2012.
- García Jiménez. A.J., (2024) *Hipoteca en garantía de los contratos de permuta de tipo de interés (interest rate swap): llamando a las cosas por su nombre*, Actualidad Civil, N° 1, La Ley.
- García Mandaloniz, M. (2005) *"El "aterrizaje forzoso" del trust en nuestro sistema de derecho civil"*, Derecho de los Negocios, n° 183, n° 16, pp. 17-22.
- Henry D. Gabriel, (2019) "The Use of Soft Law in the Creation of Legal Norms in International Commercial Law: How Successful Has It Been?", 40 Mich. J. Int'l L. 413.
- Hijas, E. (2017) ¿Se puede adaptar el trust al ordenamiento jurídico español?, Revisa El Notario del Siglo XXI: revista del Colegio Notarial de Madrid, N° 72, 183-187.
- Hilt E. y O'Banion K. E. (2008); *The Limited Partnership in New York, 1822-1853: Partnerships without Kinship*; NBER Working Paper No. 14412, JEL No. K2 ,N81.
- Ho L, Lee R, eds. (2013) *Trust Law in Asian Civil Law Jurisdictions: A Comparative Analysis*. Cambridge University Press; pág. xxix.
- Ho, L. (2012) "Trust laws in China: History, ambiguity and beneficiary's rights", In Smith, L (Ed.), *Re-imagining the Trust: Trusts in Civil Law*, p. 183-221. Cambridge; New York: Cambridge University Press.
- Hofri-Winogradow, A. S. (2020) "The Statutory Liberalization of Trust Law Across 152 Jurisdictions: Leaders, Laggards and the Market in Fiduciary Services", University of California, Davis, Vol. 53:2313.

- Hofri-Winogradow, A.S. (2017) *Contract, Trust and Corporation: From Contrast to Convergence,* Iowa Law Review, Vol. 102, 1712.
- Holmes, O.W. (1951). *The Common Law,* 44aba edición, Little, Brown and Co.
- Jansen, Nils; J. (2010) "The Authority of an Academic 'Draft Common Frame of Reference'" en: Micklitz, Hans-W.; Cafaggi, Fabrizio (eds), "European Private Law after the Common Frame of Reference", Edward Elgar Publishing, Capítulo 8.
- Kopania, Z. e Szpotakowski, I. (2020) *Chinese Law Research Guide,* ArchaeGraph.
- Langbein, J.H. (1995) *The Contractarian Basis of the Law of Trusts,* The Yale Law Journal, (1995-1996) Vol. 105, 625 y sgts.
- Langbein, J.H. (1997), '*The Secret Life of the Trust: The Trust as an Instrument of Commerce*' 107 The Yale Law Journal 165, 180.
- Lee, R. (2009). "Conceptualizing the Chinese Trust", ICLQ vol 58, 655–669.
- Lepaulle, P. (1975) *Tratado Teórico Práctico de los Trusts: En Derecho Interno, En Derecho Fiscal y en Derecho Internacional*, 23–24.
- *Lewin on Trusts,* (2008) Sweet & Maxwell, (18ª ed).
- Lupoi, M. (1999). *The Civil Law Trust,* Vanderbilt Journal of Transnational Law, Volumen 32, Issue 4, Artículo 3.
- Macedo, P (1975), *El Fideicomiso Mexicano* de autoría de Pablo Macedo publicado como análisis de la traducción de Pierre Lepaulle, *Tratado Teórico Práctico de los Trusts: En el derecho interno, en derecho fiscal y en derecho internacional,* Porrua.
- Maitland, F.W. (1911) 'The Unincorporate Body', in Hal, F. (ed), *The Collected Papers of Frederic William Maitland, vol 3* (CUP 1911) 272.
- Malumian, N. (2009), *Trusts in Latin America,* Oxford University Press.
- Malumián, N. (2022), *Los derivados ante la insolvencia (close out netting),* Revista del Derecho y Comercial y las Obligaciones (RDCO), Nro. 304, pág. 27.
- Moralejo Imbernon, N.; Quicios Molina, S.; Bercovitz Rodríguez-Cano; R. (2024), Tratado de Contratos 4ª Edición. Tomos I, II, III, IV y V. (TOL1.810.935).
- Martín Santisteban, S. (2009) *Derecho de trusts en la Unión Europea,* en: Crónica de Derecho Privado Europeo, Anuario de Derecho Civil (ADC), tomo LXII, fasc. I, 387.
- Matters, L. F., (2013) "Italy: Trust and the Italian Legal System: Why Menu Matters", Journal of Civil Law Studies Volume 6 Number 2 Article 16.

- Molina Pasquel, R. (1946) *Los Derechos del Fideicomisario,* Ed. Jus, pág 103 y nota.
- Nasarre Aznar, S. y Rivas Nieto, E. (2004) "Patrimonios Financieros sin Personalidad. Naturaleza Jurídica y Régimen Tributario", Estudios Financieros, Nro. 261, 61.
- Nicholas, T. (2019) *VC: An American History,* Harvard University Press.
- Parodi, N. (2022) "Trust and fiduciary transactions. A still ongoing complex process: concise comparison between Italian and German systems", Milan Law Review, Vol. 3, No. 2.
- Prólogo a versión en español de "*Principios, Definiciones y Reglas de un Derecho Civil Europeo: el Marco Común de Referencia (DCFR)*" coordinada por Carmen Jerez Delgado, Agencia Estatal Boletín Oficial del Estado, Madrid, 2015.
- Redondo Trigo, F. (2010) *De los Principios Lando al marco común de referencia del Derecho Privado Europeo. Hacia un nuevo ius commune,* ADC, tomo LXIII, fasc. IV, 1673.
- Reid, K. G. C. (2015) "Patrimony not Equity: The Trust in Scotland", en: *Trusts and Patrimonies,* editado por Remus Valsan, Edinburgh University Press, 120–121.
- Reid, K.G.C. (2011) 'Conceptualising the Chinese Trust: Some Thoughts from Europe' University of Edinburgh, School of Law, Working Papers, SSRN. https://doi.org/10.2139/ssrn.1763826.
- Sirena, P. (2019) "*La Scelta dei Principles of European Contract Law (PECL) Come Legge Applicabile al Contrato*", Rivista Di Diritto Civile, Año LXV–N. 3/2019, pág. 608.
- Stone, H.F. (1917) *The Nature of the Rights of the Cestuir que Trust,* Columbia Law Review, Vol. XVII. No. 6.
- Tamaruya, M. (2023) The Comparative Law of Trusts and Succession: Italy, Japan, and Beyond Publicado originalmente en italiano en: Tamaruya M (2003) Il diritto comparato dei trust e delle successioni: Italia, Giappone e oltre in Annuario di Diritto Comparato 2023. Disponible en: SSRN: https://ssrn.com/abstract=4943289 y http://dx.doi.org/10.2139/ssrn.4943289
- Tamaruya, M., (2024) "Trust Law and Colonialism", en: Adam S. Hofri-Winogradow et al eds, The Oxford Handbook of Comparative Trust Laws (forthcoming), Disponible en SSRN: https://ssrn.com/abstract=4943273 y http://dx.doi.org/10.2139/ssrn.4943273

- Tomás Martínez, G. (2014) "En busca de una alternativa al trust para articular planes de participación financiera: Employee Stock Ownership Plans (ESOPS)", Cuadernos de Derecho Transnacional, Vol. 6, N° 2, 255-289, ISSN 1989-4570–www.uc3m.es/cdt.
- Urquizu Cavallé, A. (2010). "Tributación de las rentas derivadas de fideicomisos latinoamericanos cuando los beneficiarios sean residentes en España", Crónica Tributaria Nro. 136/2010, 183-235.
- Vaquer Aloy, A. (2013); *"El "Soft Law" europeo en la jurisprudencia española: doce casos"*, AIS: Ars Iuris Salmanticensis, 1(1), 97–119.
- Wu, Y.C. (2015) "East Asian trusts at the crossroads". National Taiwan University Law Review. 10, (1), 79-125. Disponible en: https://ink.library.smu.edu.sg/sol_research/2528
- Wu, Y.C. (2018) *Constructive trusts in the civil law tradition, Journal of Equity,* Volumen 12, Parte 3, pág. 319.
- Wu, Y.C. (2020) "Trusts Reimagined: The Transplantation and Evolution of Trust Law in Northeast Asia", *The American Journal of Comparative Law,* Volume 68, Issue 2, 441–467.
- Wu, Y.C., "Trusts in South Korea: Towards an Independent Fund Mechanism", en: Asia-Pacific Trusts Law, Volume 2. Editado por: Ying Khai Liew y Ying-Chieh Wu, 319–320.
- Zhang, R. (2022) *Principal forms of commercial trusts in the UK and the rethinking of traditional approaches,* Trusts & Trustees, Vol. 28, No. 8, 787–800.